《圣经》中的盟约

大卫·鲍森

ANCHOR RECORDINGS

版权所有 ©2021 大卫鲍森事工（David Pawson Ministry CIO）

本书作者已按《版权、设计与专利法案 1988》（Copyright, Designs and Patents Act, 1988）取得著作权并据以保护。

本书于 2021 年经由 Anchor 首次出版。Anchor 为大卫鲍森出版有限公司（David Pawson Publishing Ltd）的商业名称。

David Pawson Publishing Ltd
Synegis House, 21 Crockhamwell Road,
Woodley, Reading RG5 3LE

未经出版社事先书面同意，任何人不得以任何形式或方式通过电子或机械方式（包括影印、录制或任何信息储存和检索系统）复制或传播本书的任何部分。

本书所引用经文均取自《和合本》
©1988，1989 联合圣经公会，蒙允许使用

如欲了解更多有关大卫鲍森的教导资料，包括 DVD 及 CD，可浏览以下网址：
www.davidpawson.com

欢迎到以下网址下载免费资料：
www.davidpawson.org

想查询更多有关资讯，请电邮至
info@davidpawsonministry.com

ISBN 978-1-913472-41-2

由 Ingram Spark 承印

目录

前言　　　　　　　　　　　　　　　1

1. 何谓圣约？　　　　　　　　　　　7

2. 圣经五约　　　　　　　　　　　19

3. 挪亚之约　　　　　　　　　　　25

4. 亚伯拉罕之约　　　　　　　　　35

5. 摩西之约（摩西旧约）　　　　　41

6. 大卫之约　　　　　　　　　　　47

7. 弥赛亚之约（弥赛亚新约）　　　51

8. 其它的约又如何？　　　　　　　73

本书是根据一系列的讲座内容所撰写而成的。由于本书所引用的材料取自口述式的记载，因此对许多读者而言，本书的风格可能与我平常的写作风格有些出入。我希望这不会削弱本书中实质的圣经教导内容。一如往常，我请读者将我所说或写的与圣经进行比较。若在比较之后发现不符的情况，请读者永远以圣经中明确的教导作为依据。

大卫·鲍森

前言
解说

"我以全能上帝之名宣誓,本人所作之证供,均属事实,及为事实之全部,并无虚言。"任何出席法庭的人必定觉得此番宣言非常熟悉,但是这句话到底有什么意义呢?

这句话在过去体现出人类对待神的严肃态度,但今时今日,这句话不过是那个时代所残留的遗迹。这句话的本意是让证人对神持有敬畏的态度,同时提醒他们,神可以也必会严惩撒谎者,尤其是那些发誓要实话实说的人。比起人类,神拥有更高更大之权力,而这句誓言就是向神做出呼吁,允许祂严惩在祂面前违背誓言的人。在法庭审讯中,宣誓就是最严肃的时刻。

证人在宣誓时需要将手放在圣经上。这个动作的意思就是请犹太人的神(包括耶稣)成为见证者。圣经非常明确地指出,如果有人违背在神面前所做出的誓言,神必定会向他追讨,而且神无所不在,因此能听到我们口中所说的一切(申命记23章21节)。

一个典型的例子就记录在士师记11章中,故事的主人翁就是耶弗他。当时，耶弗他为了请求神帮助他击败亚扪人，因此他愚蠢地发誓，若神应允他的祷告，待他凯旋而归之时，他必会将第一个出来迎接他之物献上为祭（这里清楚显示他原本预计是看见一只动物，或许是宠物）。谁知道，出来迎接他的竟然是个人，而且还是他唯一的亲生女儿。由于他的女儿敬畏耶和华并担心神会有所惩处，因此她愿意献上生命，同时放弃结婚的可能性。这是圣经故事不但发人深省，同时也是一个严肃的提醒，要我们履行在神面前所做出的誓言。

然而，时代改变了。神的愤怒已经不再被视为一种威胁。现代人既不惧怕神，也不害怕地狱，有些甚至都不相信这两者的存在。"发誓"已成为随口说的亵渎和猥亵言辞，而这两个字严重污染我们对两个最神圣之关系的认识（英文的"hell"（地狱）和"fuck"（他妈的）是最普遍的例子；甚至"bloody"（血腥）是"by Our Lady"或"by'r lady"的缩写，而"lady"即圣母玛利亚）。

所以，除了法庭审讯以外，"以神名义发誓"的举动几乎已经绝迹了，而法庭内的宣誓行为已经成为微不足道的仪式，它成为一种传统而不再是真理的表现。许多以圣经起誓的人甚至从未翻阅它。最类似起誓的一句话就是表达惊讶的脏话"Oh my God"（哦，我的上帝啊！），其中的意思当然有许多的注解。所以，为什么一本关于神立约的书会以《藉神的名义》作为书名的前半句？简单的说，这是因为神也起誓，尤其是在立重要之约的时候（例如与亚伯拉罕所立之约）。然而，除了神以外，没有任何人比祂更有权威，更有地位，更有能力。因此，祂只能够以自己的名字起誓并且会遵守诺言。

你可以要求祂信守誓言。若要神"藉神的名义"发誓，这听起来似乎非常奇怪，几乎像是同义重复的说辞（意思是不必要的重复，例如"向后倒退"）。所以，祂反而说"我便指着自己起誓"。这其实是一句更严重的话，并不是神随口说说的。事实上，神是在宣告，祂在违背自己的誓言之前，必会先毁灭自己。神有如此自我毁灭般的念头应该震撼我们，让我们明白祂是绝对认真的。

在这里，我要提到本书名的后半句：《我必》这句话提醒我们，每个约的中心是一个承诺，在一些例子中则是有几个承诺，而它们通常由"我必"这两个字作为开头。这两个字贯穿整本圣经，而且通常是神说的，以强调祂向受造之物做出严肃承诺时所流露的奇异恩典。

倘若这句话没有勾起读者对自己或他人婚姻的回忆，我将会非常惊讶。神将所有的婚姻都视为圣约，不论当事人是否在教会、注册办事处或其他地方"举行婚礼"（这是多么重要的一句话），神都一视同仁。既然祂无所不在，因此，祂也是所有婚约的见证人。

这就是祂恨恶离婚的原因（玛拉基书2章16节），这也是耶稣说离婚后再婚是持续犯奸淫的理由（路加福音16章18节）。就如起誓已经贬为一种脏话一样，婚姻誓言也贬值了。婚姻已经从婚约改为一纸合约。如果有一方背弃自己所做出的承诺，另一方就有自由另觅他人。"至死不渝"（Till death us do part）这句誓言已经沦为英国情景喜剧（sitcom 或 situation comedy）的片名。原本象征永无止尽之爱的婚戒，可以轻易戴上，也可以轻易摘下。婚礼中所说的真诚誓言已不再具有一生的约束力，尤其是当事情变得困苦而非顺遂，环境变得贫穷而非富足，身体有着病痛而非健康的时候。

然而，当神说"我必"时，祂是绝对认真的。不过，正如我们将看到的，祂所立之约有时是附带条件的，也就是说，祂需要我们以承诺作为答复："我们都要遵行"（出埃及记 19 章 8 节）。就算我们违背承诺也不会使所立之约作废，但是祂原本所给予的祝福将被祂的咒诅所取代（申命记 28 章）。

以上就是我为这简短又尖锐之书名所做出的解释。让我们继续往下读。

备注

我的主编认为我应该提醒读者们，基督徒拒绝起誓在历史中是有记载的，就算在法庭亦然。对于主耶稣禁止任何形式的誓言（马太福音 5 章 33-37 节），他们是谨慎对待的。耶稣也知道那年代的犹太人以为，只要指着比他们更大的事物起誓（例如天、地、耶路撒冷等等），避免使用神的名字，就能在违背誓言之后避开神的报应。然而，对耶稣而言，这些更大的事物与神息息相关，而神也慎重对待这种形式的誓言。耶稣曾告诉祂的门徒，诚信度和可靠度理应是一切言语中的必要成分。任何尝试通过额外的话以保证话中的真实性是出自恶者撒旦，也就是"说谎之人的父"（这甚至包括"老实说"这句话吗？）。

今天，就算拒绝在法庭中以圣经起誓，基督徒也不必害怕会因而遭到监禁。他们可以选择通过"庄严肃穆的誓词"来说出真相。尽管如此，这仍然超出了我们主的忠告，那就是"是就说是，不是就说不是"。

我在这里不过是藉由法庭现时的做法来说明"藉神的名义"起誓的行为，这不代表我赞同这项做法。然而，有些事是我们不应该做。这些事是唯有圣洁的神可以，同时也确实做到的。其中一件就是以神（祂自己）的名义起誓。

第一章
何谓圣约？

你是否曾想过，为什么许多教会为婴孩施洗，有些则为孩童施洗，而另一些却只为成人施洗？你是否曾想过，为什么有些教会教你要纳"十一"（将收入十分之一献给教会），有些则依靠信徒自愿的奉献？你是否曾想过，为什么有些教会在星期日举行主日敬拜，有些则在星期六或甚至星期五傍晚举行？你是否曾想过，为什么有些教会有祭司、祭坛、香和蜡烛，但有些却没有？你是否曾想过，为什么有些教会让离婚人士在教会中再婚，而有些则拒绝如此做？你是否曾想过，为什么有些教会支持以色列，而其他的却不？然而，所有的教会都使用同一本圣经并坚称将其中的付诸实践，这实在令人纳闷，不是吗？我们需要理清各种各样的意见并尝试从中找出真相。追根究底，这与我们对圣经的理解有关。

什么词能解开整本圣经呢？这个关键词有两个"候选人"。其中一个是"国度"，尽管这词贯穿整本圣经，但是它的意思却在时间的流逝中改变了。在圣经旧约中，它意指以色列国；在新约中，它却是指神的国度（或天国）。然而，我想要向你介绍另一个词。我认为这词是关键，它能理清之前所提出的问题，同时能解开整本圣经。这词就是"约"。

我们在本书中要问两个至关重要的问题：圣经里有几个圣约，而当中又该将哪几个应用在基督徒身上？正是因为这两个问题有各式各样的答案，因此教会才会有形形色色的教导。当我们问圣经里有几个圣约的时候，有些人的答案是"一个"，并称之为"恩典之约"，但是这句特定的短语从未出现在经文当中。有些人的答案则是"两个"，也就是旧约和新约。然后，还有人的答案是"三个"，其他人则说"五个"，有些人甚至认为有"七个"。这令人感到困惑，不是吗？如果圣经里至少有一个圣约，那么当中有几个圣约至今仍然影响基督徒？又有几个将我们与神连接起来？

什么是约？这是两方或两人所签订具有约束力的协议，也是两方之间以承诺为基础、包含相互义务、非常庄重严肃的协议。日常生活中并没有很多关于约的例子，因此"约"在普遍社会中并非常用之词。我们选用"合约"来描述一份具约束力的协议，而且生活中的合约例子比比皆是，尤其是商务合约。然而，我要让你知道"圣约"和"合约"之间是有极大区别的。你永远没有办法与神签订合约，但是令人惊讶的是，很多人却想尽办法与神达成合约般的协议，例如他们会向神说："如果你这么做，我就会那么做"。圣约是截然不同的。既然我们对合约比较有概念，就让我们先来讨论它。

第一章 何谓圣约？

如果我想盖一栋房子，我会到处寻找一位符合我意的建筑承包商。我们之间会制定合约的条件内容，而过程中有协商是因为我们平起平坐。这是合约的关键：一方持有另一方所需要的事物，所以你可以讨价还价。建筑商有技术、人工和材料，而你则有建筑所需之经费。他要你的钱，而你要他的技术、人工和材料。所以你会与他交涉，而你们两个同时都处于讨价还价的位置。你同意建筑商所开出的条件后就会与他签订合约，让他在一定的时间内，根据一定的价钱将房子盖好。这是一件严肃又具约束力的事情。

倘若一方没有履行承诺，另一方就无需继续遵守合约或可以起诉要求赔偿。当然，合约的种类繁多，我所举的例子不过是一份简单的建筑合约，但是每天的全球商业发展都建立在合约制度上。

另一类型的合约就是在战争中签订的和平条约或停火停战协议，而这也是地位平等、有能力谈判的两方所同意的。你可以为了和平而立约。

那么，我们要如何定义"约"？它的区别在哪几个方面？或许我可以如此解释：合约是双向的。换句话说，两方处于平等互利、磋商条件的位置，而各方均有另一方想得到的事物。然而，约是单向的，是单方面制定的，是由开出条件的那一方决定的，这是因为他处于更强大的位置。另一方唯一能做的，就是接受或拒绝它，而且没有改变的能力。除此之外，若其中一方在立约后没有履行义务，另一方仍然必须遵守，但前提是，**这是一个无条件的约**。约通常是无条件的，但是可以附带条件。立约之后，这约就具有约束力。如果这是无条件的约，就算较弱的一方背弃这约，较强的那一方仍然需要履行承诺。

因此，当我们在圣经中读到圣约时，首先需要问："这个约是否附带条件？"如果是附带条件的，它就比较像是合约，但倘若是无条件的，无论接受的那方做出什么回应，它就约束立约的一方。这与合约之间是相当大的差异。有时我会问其他人："你认为婚姻是合约还是圣约？"基督徒知道神设立婚姻为圣约。然而，在现今社会中，婚姻已经迅速地变为一种合约，是平等的两方在商议如何满足彼此需求后所达成的协议。

我担心的是，今天许多婚姻不过是合约关系，而这也是许多婚姻破裂的原因："只要我爱你或你爱我，我们就继续婚姻关系；但是若你停止爱我或我不再爱你，这份合约就被终止了。"现代生活中有一个特点是令我难以置信的，那就是"婚前协议书"，也就是为未来的离婚情况做出对财产的分配。真是太奇怪了，还没结婚就安排离婚后的事！所以，我们对神设立婚姻为圣约的理解已经改变了，婚姻现在已经成为一纸合约，是无法长久维系的。

我曾读到一名男子的故事。他住在英国北部，而他的妻子在结婚不久后就开始对他不忠，并且开始和其他

第一章 何谓圣约?

男人厮混。她变本加厉,最终离开他。她很快就在街上搭讪陌生人,情况急速恶化。这名男子的朋友问他:"你为什么不离婚?她不但恶待你,你还得独自抚养孩子们。你干脆离婚,然后找个正经、坚贞、愿意照顾孩子的女人结婚,一起组织一个真正的家庭。"

他拒绝他们的提议,还说:"永远都不要如此议论我的妻子。她是我的妻子,只要她仍有一口气在,我就会爱她"。他真的做到了。在那几年之后,他的妻子因为生活糜烂而病危,他当时守在她的床边继续爱着她,为她祷告。这就是**婚约**(covenant marriage)。如果是**婚姻合约**,他早就已经放弃并且更换配偶了。

遗憾的是,我们现在所处的境况堪虑,就算是相信圣经的基督徒也开始将婚约视为合约,并且更换配偶。然而,我们并没有签订合约。神视婚姻为圣约,即使一方违背约中的条件,另一方仍然要忠心持守。所以,讨论圣约和合约之间的区别是有关联的。从历史的角度来看,婚姻从来就不是两个平等之人所达成的协议。无论是好是坏,丈夫一直是比较强的伴侣,而这也是他会求婚的原因。至今的惯例依旧是男人采取主动"求"婚。

此外,历来的传统(在许多婚礼中仍然如此)是新娘的父亲把她交托给新郎。通常新娘会冠上夫姓,因为他是两人之间较强的,他也是带领者。今时今日的婚姻仍然有一丝丝婚约的痕迹,但是大部分在西方国家的婚姻是合约制的。有一件事令我感到鼓舞,那就是经济不景气导致离婚率下降。许多夫妻现在没有办法离婚。我几乎想高喊"哈利路亚"！

我一直用婚姻作为一个例证，但恐怕现今的婚姻已经不再是代表"约"的最佳例子，所以让我们思想是否还有其他的例子，是你会参与并了解的。你立了遗嘱吗？遗嘱的英文称为"last will and testament"，而英文字"testament"和"约"的英文字"covenant"具有相同的意思。

你的圣经有两个部分：旧约和新约，但是这其实是两个令人感到困惑的标题，所以我需要作出解释。

你在立遗嘱时就是在立一个约。你是比较强的一方，可以把财富或产业留给他人。这是你自愿约束自己将财产给予他人。你并没有与接受产业的亲戚或朋友进行任何协商（或者说不应该有）。你立下条件然后做出决定。直到你过世的那一天，你都可以在立定遗嘱后修改它并附加条款。无论如何，最终的条件内容和细节还是由你决定的。

受遗赠人（legatee）可以接受或拒绝你所给予的财产，但是他们无法改变你的遗嘱，因为这是你的决定。身为较强的一方，你已经立了约，也就是遗嘱，并决定在过世后将财富或产业留给他人。

这是非常有趣的一点，因为新约希伯来书提到耶稣以祂的宝血立了新约，但是唯有在他逝世后才能生效。这是不是很有趣？你的遗嘱或约必须等到你离开人世之

第一章 何谓圣约?

后才能生效。在经文中,血与约是有关联的。在圣经中,死亡和约也有关联。我们在稍后会继续讨论这点。

所以,这里有两点非常重要。第一、**我们的神是立约的神**。试想一下,创造宇宙万物的神竟然自愿与人类立约,受到约束,这真是不可思议。毕竟祂是强而有力的,而我们是软弱微小的。我们只不过是祂所创造之物,在宇宙飞驰、像斑点般的星际尘埃中,我们彷佛是微小生物。然而,神却自愿限制自己,把自己放在向人类尽义务的位置上。祂不必这么做,祂这么做实在令人诧异,但祂就这么做了。圣经汇集了许多祂自愿与人类,与我们立约的故事。这个举动应该使我们惊奇不已,甚至让我们感到无法呼吸。祂为何要这么做?这根本没有道理!祂原本可以在创造我们之后让我们自生自灭,但事实远非如此。

祂约束自己为人类做一些事;祂已经立了遗嘱,要我们成为祂的继承人。祂要立一个对我们有利的遗嘱。这简直是令人难以置信的:神竟然愿意与我们立约,而且愿意与人类结婚,这从某种意义上而言是更令人吃惊的。对祂而言,婚姻永远是一个约,而祂首先与亚伯拉罕、以撒和雅各立了婚约(或是立约)。令人惊讶的是,尽管祂是丈夫,而他们在这个婚姻中扮演妻子的角色,祂却愿意冠上这位祖父、父亲和儿子的姓,永远被称为"亚伯拉罕、以撒和雅各的神"。他们的名字成为神的名字。这就好像丈夫冠上新娘的姓氏。这是非常了不起的,是直到最近才有的事，之前可说是闻所未闻。之后祂与以色列立约，并说："我在西奈山上娶了你，你是我的妻子"，因此祂取了"以色列"的名字，而神此后永远被称为"以色列的圣者"。这是多么惊奇的事！

当以色列背约后，神怎么回应呢？神吩咐先知何西阿："去外面找一位妓女。"

何西阿说："主，我是一位传道人啊。"

神说："去，找一位妓女然后娶她。"

何西阿说："哦神，我不能这么做。你可以想象吗？各大新闻头条会这么写：《妓女嫁给传道人》或《传道人迎娶妓女》。那么，我之后该怎么办？"

但是神却说："你还必须和她生孩子。我先警告你，不是所有的孩子都是你的亲生骨肉。"

"主，那之后呢？"

"她在之后会回到街上，重操旧业。"

"我和三个孩子该怎么办？"

"那么，何西阿，我要你去找她，从妓院老板手中将她赎回，然后带她回家。花一些时间管教她，然后再次接纳她为妻子。"

"主，我为什么要做这一切？"

"因为这是以色列对待我的方式，而这就是我对她的感觉。如果你没有经历过类似的事，是无法向以色列表达我的情感，所以这就是原因。"真是令人难以置信的故事，你可以在何西阿书中读到相关的情节。

第一章 何谓圣约？

所以神与人类"结婚"，祂与亚伯拉罕、以撒和雅各立了婚约。祂立下对他们有利的遗嘱（testament，也就是"约"）。祂所给予、留给他们的东西之一就是位于中东的一块地，也就是所谓的应许之地。这一切都包含在祂与他们所立的约中。

所以，神是立约的神。第二点是，**神是守约的神**。神一旦做出承诺，就永远不会违背它。你会发现有两个字贯穿整本圣经："我必"。这两个字几乎是挂在神的嘴边的。这就是祂的遗嘱和圣约，也是祂向子民做出的承诺。

有一次，我拿出一张纸，写下全能神无法做到的事。我很快就列出一个清单，是这么开始的：祂无法违背诺言；祂无法撒谎；祂无法说出下流的笑话……我写着写着，一共写了三十一件事。我将它们汇编成为一篇道：《**神无法做到的事**》。我看着这份清单，心里想："这些事我全做过了"，但是，这并不让我自觉比神更厉害；我能做神所无法做的事，这反而让我觉得自己好渺小。

神为什么无法违背诺言？这完全是因为神的品格。有些事是如此令祂厌恶、令祂反感，甚至是"恨恶的"，以致祂根本没有办法做出这种行为。我们需要理解神的品性。他人是否相信神的存在并不是重点，真正重要的是我们到底相信或不相信怎么样的神。

我曾在英国皇家空军担任几年的随军牧师。当士兵抵达空军基地时，他们通常需要向牧师报到。每个基地都有三位不同宗派的牧师：罗马天主教，英格兰教会

（Church of England）和"其他宗派"（指的就是我）。过程是这样的：几百名新兵抵达基地之后，英格兰教会牧师会代表国教会（Established Churches）说："凡婴孩时期在英格兰教会受洗的，跟我来"。通常百分之七十五的人会跟着他。罗马天主教神父则会有百分之十的新兵，而剩下的人归我，包括长老会信徒、卫理公会信徒、浸信会信徒、救世军会员、佛教徒、印度教徒、回教徒、不可知论者（agnostics）和无神论者（atheists）。

所以这些背景迥异的人归我管理，而且我必须照顾他们。其实，我真的非常享受成为无神论者的牧师。每当一位无神论者抵达基地时，他的资料卡上的"宗教"一栏会填上"无神论者"。我会热情地欢迎他，并说："对于你的信仰，我要恭喜你。你的信心肯定比我多，让你能相信这一切都是偶然并且在无人的帮助下发生的。我就是没有足够的信心相信这一点。我必须相信这一切是有人参与的，这个想法简单多了。然而，你一定是有极大信心的人，恭喜你。"

我对他们说的第二件事是："如果你因公殉职，我会处理你的后事。我要郑重向你保证，我不会读圣经的经文，不会为你祷告，不会唱圣诗，不会提到神。我只会简单的说：'这个人已经死了，不在人世了。'"当时有许多飞行员殉职，而我发现很多人愿意以无神论者的身份生活着，但却不想以同一个身份死去。这样的结果有一定的风险，而他们对我所提出的葬礼建议似乎感到不太高兴。

第一章　何谓圣约？

我对无神论者说的第三件事是："现在请你坐下，然后告诉我你不相信的神是什么样的神。"我总是在他做出描述后如此说："你刚刚也让我成为无神论者了，因为我也不信这样的神。"所以，总是要问无神论者他们不信的神到底是什么样的神。

我所信的神是公义的，这表示有很多事情是祂无法做的。这不代表祂软弱，而是让祂成为一位奇妙之神。首先，这表示一位公义的神无法做错任何事。祂无法做出不公平或不公正的事。这样的神掌管宇宙万物，对我们而言是个极大的安慰。这也表示祂所做的一切都是对的。这并不意味着所有发生的事都是对的，而是表示凡祂所做和负责的事，都是绝对正确的。

身为牧师，我需要处理的棘手情况之一就是帮助刚失去婴孩的父母。这永远是令人震惊、令人难过的事。在这个情况中，有一个问题是屡屡重复的："神现在会如何处置我的宝宝？他在天堂还是在其他的地方呢？"我必须诚实地回答他："我不知道神怎么处置你的宝宝。圣经并没有回答这个问题。神不告诉我们必定有很好的理由。"我知道很多牧师说："你的宝宝在天堂里"，但是我没有办法这么说，因为我只能对圣经所说的事给予肯定。

尽管我必须说："我不知道"，但是我还会说："如果你和我一样认识神，你就会知道，无论祂怎么处理你的宝宝都是对的，而且这一点你可以相信祂。"要说这句话的前提是，你必须要相信某种类型的神——祂所做的永远都是对的。所以，无论祂是否告诉你祂的作为，你都知道并且肯定祂所做的是对的。尽管这不会回答你心中所有的问题，但是却能使你的内心觉得安全。

神不但是立约的神，祂也是守约的神。你可以肯定，祂所做出的承诺一定会兑现。让我先稍微提一下，这就是我确定应许之地仍然属于亚伯拉罕之后嗣的理由：神已经应许将这块地赐给他们作为基业。尽管政治人物忽视这个事实，它却是影响整个中东政治局面的最大因素。然而，神却没有违背诺言。这块地是应许之地，永远都是。这就显明约的重要性，也突显其中的奇妙之处，全因神信守承诺。

祂是可靠的；祂是信实的。你可以永远信靠祂。你知道祂会遵守诺言。

现在我要回答之前所提的问题："圣经中有几个圣约？"答案是："五个。"当有人问："其中有几个仍然影响身为基督徒的我？"答案是："四个"。其中一个圣约已不再影响基督徒，而且它是专属犹太人的。令人惊讶的是，许多人为此感到困惑，同时将不属于基督徒的圣约强加在他人身上。

第二章
圣经五约

我们之前提到，约是单向的：一个人决定条件，愿意受限于对他人的义务，同时做出特定的承诺。接受的那一方无法改变条件。他们唯一能做的就是接受或拒绝。这就是约。神只与人类立约；祂不签订合约。

尽管如此，许多人仍然尝试与神签订合约。我记得一位基督徒如此说："我曾参与第二世界大战，当时可说是烽火连天，双方交战，枪林弹雨，死伤惨重。我向神说如果祂能让我安全回家与家人团聚，我每逢星期日一定到教会去。"这就是合约，但是他最终并没有遵守承诺。

他问我："我们可以得到第二次机会吗？"

我回答："可以，但不是在这个基础上。你不可能与神讨价还价。"

我们不可能与神签订合约，理由很简单：你没有任何祂想要或需要的东西。我最喜欢的经文之一是诗篇第50章。神说："我若是饥饿，我不用告诉你，因为世界和其中所充满的都是我的。"我很喜欢这句经文，但是却从来没听任何人分享一篇关于它的讲道。你可能知道上一句经文是什么："因为树林中的百兽是我的，千山上的牲畜也是我的。山中的飞鸟，我都知道，野地的走兽也都属我。"

神话中的意思是："你所拥有的一切已经是我的，而且本来就是我的。"世上所有的财富都属于神，即使我们认为它们属于我们也不会改变什么。神可以给予，同时也可以拿走，就这么简单。

因此，看到人类自以为有条件可以和神讨价还价，还真是令人惊异不已。雅各就是一个典型的例子。你是否记得他在逃离家的晚上梦到一个梯子立在地上，而梯子的头则顶着天？当时他因为欺骗哥哥以扫而从家中逃走，然后开始想家了。

雅各向神说："如果你能使我平平安安回到我父亲的家，我必将十分之一献给你。"这句话并没有建立他与神之间的关系，因为你不可以如此与神讨价还价。数年后，雅各再次踏上回家的路上，而且非常害怕遇见他的哥哥以扫。他万分恐惧，极度想要得到神的祝福。雅各与以扫见面的前一晚，他与神摔跤，告诉神："你不给我祝福，我就不容你去。"这句话显示他还想与神讨价还价。神唯有破碎这个男人，而且使他臀部的关节脱臼。从此之后，雅各的大腿瘸了，只能一拐一拐地走路。尽管他成为被破碎的人，但是神此后就能使用他。

雅各现在察觉他的弱点，他决定不再与神讨价还价，决意降服于神，而雅各也成为以色列和以色列的王子。

第二章 圣经五约

所以，雅各是一位企图讨价还价的人，至今仍然有很多人这么做："主，如果你医治我，我会将终身献给你"或"主，如果你拿走我身体内的癌症，我会奉献更多金钱给宣教事工。"有些传道人会如此鼓励人："你将钱奉献给神，祂就会祝福你的生意。"这一切都是与神讨价还价。然而，你没有任何东西是神需要的，所以你并没有砍价的权利。

你能做的，就是与神立约，但是条件由祂决定。祂会赐予应许，也会做出承诺，而你唯一能做的就是接受或拒绝它。

约可分为无条件或有条件的。**无条件之约**的意思是，即使一方违背承诺，所立之约仍然具有效力，另一方已经约束自己继续履行不能终止的义务。然而，有些约是**附带条件的**，而且它们看似比较像合约。这是因为神说："如果你这么做，我就那么做。"尽管如此，祂仍然是决定条件的一方，这决定也仍然是单向的，所以这还是一个约。因此，每当你在圣经中读到圣约时，你需要问："这个圣约是否附带任何条件？"

请看以下的图表。首要先注意的是，每个圣约都有六个方面。第一、"立约人"（party）：神与何人立约？第二、这约所基于的"承诺"（promise）——"我必"，这句是神每次立约时最常说的话。第三、神是否期望得到任何回报？这个约是否有任何附带条件（proviso）？第四、若不守约，我们是否会遭受惩罚（penalty）？第五、

《圣经》中的盟约

圣约	立约人	应许（我必……）	条件 神期望什么？	惩罚 不守约的后果	期限 为期多久？	目的 为什么？
挪亚之约	挪亚和家人 地点：亚拉腊山	生存 国家性 四季 太阳和雨	生命的神圣性 动物 人类同胞	无	永久 （地球还存留的时候）	保有后代可被领进入神的家庭
亚伯拉罕之约	亚伯拉罕、儿子以撒和孙子雅各 地点：迦南地	拣选 国家性 后嗣 土地（所有权） 成为地上万族的祝福	信心 割礼 蒙祝福 （若祝福以色列）	被剪除*	永久 （永远）	拣选神的子民，成为祂祝福万国的"做祭司的国度"
摩西之约（旧约）	摩西和以色列 12 支派 地点：西奈山	安全 国家性 供应 保护 土地（占领）	遵行诫命 祝福、繁荣 健康、繁荣	违逆主言 咒诅 灾祸、被占领、被放逐 （若诅咒以色列）	暂时 （直到弥赛亚降临）	彰显神的公义
大卫之约	大卫、以色列君王 地点：耶路撒冷	主权 国家性 犹太人的王 国际性 外邦（万国）的王	许多后裔成为儿子 （若守约） 一位儿子 继承王位 "受膏者" 希伯来文：弥赛亚 希腊文：基督	短暂的统治	暂时 （直到弥赛亚降临）	在地上建立可见之神的国度，由祂的儿子掌权统治
弥赛亚之约（新约）	（旧约）由以赛亚、耶利米和以西结宣告 （新约）因耶稣的死、升天和复活启动了	救恩 国家性 部分犹太人 许多外邦人 全以色列（赦免、圣洁）	悔改 信心（信实） 洗礼 顺服福音	无 被剪除* 永恒的损失 地狱	永久 （永远） 永远的生命 新天、新地	神国度能拥有正直、不受罪辖制、得到自由的子民

这个约为期多久，涵盖的期限（period）多长？最后、神立约的目的（purpose）是什么？

我们将会仔细探讨这五个圣约，每个都是以与神立约的人命名。所以神与挪亚所立之约被称为"挪亚之约"。之后，神与亚伯拉罕立约，我们称之为"亚伯拉罕之约"，神与摩西所立的约称为"摩西之约"，与大卫所立的约则称为"大卫之约"。最后，神通过基督所立的约被称为"弥赛亚之约"。

圣经中主要的记载都是围绕这五个圣约。我要你们注意的是，五个圣约之中只有一个是旧约，也就是摩西之约。五个圣约之中也只有一个是新约，那就是弥赛亚之约。这件事是具启发性的，因为英文中的"covenant"和"testament"在中文中皆被翻译为"约"。不幸的是，圣经前后两个部分被名为"旧约"（Old Testament）和"新约"（New Testament），这给人一种错误的印象，以为圣经中只有两个圣约（covenant），一个是旧的，另一个则是新的。然而，这并非全部的事实。这导致许多人认为圣经的旧约部分已经过时，而且过了保质期限，不予使用。今天有许多基督徒选择不研读圣经旧约，反而只研读圣经新约，这是因为他们认为旧约部分已经旧了，已经过时了。

第三章
挪亚之约

这个故事的背景是非常悲哀的，而记载中包含整本圣经中最可悲的一句经文："耶和华就后悔造人在地上"（创世记6章6节）。神后悔造了我们。我曾在法庭中看到父母说："真希望我们从未生过这孩子。"

若孩子长大犯错、搞砸生活、沾染恶习、犯法犯罪，有些父母会告诉我："真希望我们从来没生下他们。"为人父母的这么说是非常糟糕的，但是，神也说了这句话。这个时期是有史以来，人类特别败坏的时候，而且地上充满了强暴。这就是人远离神的后果。暴力迅速散播，社会越来越不安全，年长人士无法安全在街道上行走。这是远离神的后果之一。

倘若暴力是导致神后悔造人的主因之一，那么变态的性爱就是另一个原因。当然，暴力和变态的性爱是形影相随的。它们就好像是姐妹一样，彼此互相吸引。这是因为它们皆视人为物体而非神的子民；将其视为物品而非人民。当时整个社会已经充斥着变态性爱和暴力。圣经甚至在创世记第六章做出令人难以置信的诉状："耶和华见人在地上罪恶很大，终日所思想的尽都是恶"。

这真是令人震惊的声明啊！人类唯一能想的就是怎么行恶，如何残忍和野蛮地对待他人。变态性爱也发生一种异常可怕的变化：天使和人类女子发生性行为。你们要明白，神创造生命是井然有序的、而且是有等级制度的。我们人类在这一层级，动物在我们之下，而天使在我们之上。天使在力量和智慧方面比人类更胜一等，是属于更高等级的生物。这个世界似乎很难相信有天使的存在，但是圣经由始至终都相信。

所以，神的创造有动物、人类和天使。神绝对禁止这三个等级生命之间发生性行为，无论是人类和天使之间，或是人类和动物之间（现在已有这类的色情录像）。对神而言，这些和同性之间的性关系都是可憎恶心的。神已经命令创造物遵循祂的运作方式。在挪亚的时代，天使和人类女子发生性行为并产下特别令人厌恶的杂交种。希伯来文称它为"nephilim"，但其实没有人真正知道希伯来文的意思。有些将它翻译为"巨人"，或描述它为奇形怪状的动物或丑陋的杂交种。

这时，神正从天上在往下看，看着一个充满暴力和变态性爱的世界，而每个人终日所思想的都是恶。圣经就在这刻做出如此描述："耶和华就后悔造人在地上"。神决定铲除所有这个世代的人。这是多么令人痛心的决定，但是祂找到一个正直的人，而这个人也教导他的家人，包括妻子，三名儿子和三名媳妇，一起过着正直的生活。由于这男人对家庭有正面的影响力，神说："我不

第三章 挪亚之约

会毁灭这个家庭"。祂吩咐那男人在地面上的中心位置建造一艘船,这个举动在世人眼中简直就是荒谬疯狂的事。你也知道之后发生的事:挪亚得救了。挪亚走出方舟之后,神就与他立约。这是神第一次与人立约,而祂也承诺,只要地球还存留的一天,祂就永远不会再使洪水泛滥,毁灭人类。

因此,神到现在还没有毁灭我们是因为祂仍然遵守承诺。世人以为祂对世间邪恶漠不关心,并认为祂应该铲除它。当有人告诉我:"神为什么不消灭世上所有的恶人,让我们其他人可以过着平安、幸福和安逸的日子?",我不禁觉得有趣好笑。这种想法有点错误。倘若神现在铲除所有因为自己或他人而破坏这世界的人,我根本就没机会撰写这本书,同时也不会有人坐下来阅读它了!我们每次都认定是他人破坏这世界,让我们其他人的生活困难不堪。这就是我们的想法:永远是别人犯错,并向神说:"主,解决他们!"。其实,我们本身也是问题的一部分。

所以,神对我们有什么要求?祂为什么创造人类?你是否曾想过这个问题?答案非常简单:神已经有一名儿子,而祂非常享受与祂之间的关系以致祂想要一个更大的家庭。我没有办法将答案更简单化。这就是神创造你的理由。祂要你加入祂的大家庭,要与你培养一份爱的关系。同时,祂要你有机会享受祂儿子在父家中所享有的一切。这就是祂创造我们的理由,但是我们却变成如此堕落，令祂感到万分失望。这世上有上百万人根本不在乎祂，可以过着没有祂、不思想祂的生活，他们当然也从未曾感谢祂。圣经中最严重的罪孽之一就是不说"谢谢"。神曾毁灭那些埋怨祂所供应之食物的人。他们丝毫没有感恩的心。你是否发觉到，白白接受神赐给我们的事物却又刻意不说"谢谢"是非常严重的罪？身为父母或朋友，若你经常送东西给人而他们却从不说"谢谢"，你会作何感想？在罗马书第1章中，不向神说"谢谢"被列为重罪之一。我们为今天感谢你，主。我为我的健康感谢你。感谢你，主。

我的妻子在我们结婚后向我介绍了一个坏习惯：早晨若没有喝茶就没有办法启动身体的引擎。如果我起的早，感觉像个基督徒，我就会到楼下帮她泡茶。若我感觉不像个基督徒，我就让她下楼泡茶。我不敢告诉你这两者之间的比例，因为我在多数清晨起床时都不觉得自己是基督徒！每天早上都有人配送牛奶到我们家并放在大门外。所以，若我到楼下泡茶，我也会走到大门口把冰冷的奶瓶拿进屋里。我每次这么做都想起耶利米哀歌3章的经文："祂的怜悯不至断绝。每早晨这都是新的……"。我一边拿着牛奶瓶一边说："主，感谢你所赐的怜悯"。我撰写这本书时已经是八十三岁了，我一只脚已经踏入棺材，另一只脚随时会滑倒，但是我无所谓，因为我拥有健康。这是神的怜悯，而我可以向祂说："主，感谢你。"我还有工作要完成，我现在比以前更勤

第三章 挪亚之约

奋努力。神是一位非常好的老板,为祂工作的唯一问题是,祂会供应你所需的一切,但是祂却没有任何退休计划。(当我向一位友人提到这件事时,他说:"噢,神当然有,祂有一个奇妙的退休计划。事实上,这个计划是超乎这个世界的!")我和妻子有栖身之处,实在是神的怜悯!感谢你,主!

我们每一天都可以为许多事情说"谢谢",然而我们却可以长期忘记感恩,这对全能神而言是一种侮辱。这就是挪亚时代、洪水泛滥之时的部分情况。因此,挪亚和家人(只剩下他们八人)离开方舟后,踏上刚被毁灭的环境,需要重新开始之时,神说:"我不再因人的缘故咒诅地,也不再按着我才行的毁灭各种的活物了。地还存留的时候,稼穑、寒暑、冬夏、昼夜就永不停息了。"当然,人类赖以为生的两样东西就是阳光和水,也就是太阳和雨水。神不但应许赐给我们四季,同时也叫日头照好人也照歹人,降雨给义人也给不义的(马太福音5章45节)。

我非常喜爱这一首诗:

雨同降在义人和不义之人身上
但义人得雨更多
因为不义之人拿了义人的雨伞

为什么会如此?你自己思想一下。无论如何,神将太阳和雨水赐给世上每个人。你知道这世界每年所出产的食物供应足够让每个人每天摄取 2,500 卡路里？我曾接受澳洲广播电台的访问。当时主持人对我说："埃塞俄比亚的孩童正在挨饿，你怎么可以相信有良善之神的存在？"他还提到地球三分之一的人类带着空肚子睡觉，另外三分之一在饥饿中生活。他问："你怎么可以相信有良善之神的存在？"

我回答："其实我刚读了联合国粮食组织去年提供的数据。就如往年的数据一样，世界所产出的食物足够喂养每一个人。尽管面对人口急速增长，神早已经承诺会维持人类生命，让我们继续活着。人口会持续不断地增加。那为什么还有人仍然饿着肚子或长期处于饥饿状态？答案很简单：**我们没有与他人分享**。世界一部分的人处于过度肥胖的情况，他们正努力减重，想变得更轻瘦一点；世界另一部分的人则太过瘦小。这是谁的错？这就好像一名父亲将充满食物的冰箱锁起来，然后向神投诉："神，我的孩子们正在挨饿，而这一切都怪你。"我们不肯分享神所赐的食物还要怪罪于祂，这实在是愚蠢之至。尽管如此，神已经承诺会让四季继续运转。

挪亚之约仍在运作，若不然，我们不可能还活在这世上，也不会有任何食物可吃，更不会在春天看到树木上长出花苞。神仍然使日头照好人和歹人身上，同时也降雨给义人和不义之人。

让我们看一看图标上关于挪亚之约的部分。注意看

"立约人"那一栏：神不但与挪亚立约，也通过他与全人类立约。立约的地点是亚拉腊山，也是方舟在洪水消退后停留之处。神的应许基本上是关于生存（survival），也就是通过祂所供应的粮食继续维持人类生命。由于神与每个人立约，因此这个圣约是国际性的。

这个圣约无关犹太人，这是神与每个人（当然包括犹太人在内）所立的。所有的外邦国也包括在这个圣约内。四季会继续下去，太阳和雨亦然。神对我们有什么要求？其实祂并没有立下任何条件。这是一个无条件的圣约。因此，无论我们是否完成神所期望的，都不影响祂那一方的义务。然而，祂对我们还是有要求的：既然祂承诺生命的延续，祂要求我们尊重生命。祂在创世记第九章中清楚表明了两件事，一件是关于人类生命，第二件则是关于动物性命。立约之后，动物可以成为人类的食物，但是必须经过妥善的宰杀处理，而当时的处理方式就是确保动物的血需要流尽，也就是完全确保动物已经死了才能将它吃下。将血放干就是确保无人受到吃生肉的诱惑，如此一来，就会丧失对动物生命的尊重。

然而，神却要求我们将人类生命看待为神圣的，是具有神的形象的。无论一个人多么坏，他还是以神的形象而造。他的生命是神圣的，因此谋杀就是渎圣罪（sacrilege）。为了要保持人类生命的神圣，神要求我们为谋杀执行死刑作为惩处。许多国家已经废除死刑，而美国有些州仍然执行死刑，有些则已废除了。

神说:"我会维持生命,但是你必须视它为神圣的。"英国于60年代废除了死刑。当这项法令通过时,我就曾向妻子说:"我们失去生命的神圣性。"谋杀变为偷窃,而相应的刑罚和严重偷窃相当。谋杀已经不再被视为渎圣罪,它不过是偷窃他人的性命,所以刑罚被改为终身监禁,而终身也不再是终身,反而有假释的可能。我当时告诉妻子:"下一条法令就会允许堕胎,之后安乐死必定尾随在后。"你一旦不再视生命为神圣、为神的形象,你就会摧毁自己的后代。一旦年长人士变为无用之后,你也会毁灭他们。事实证明,这两件事正在发生。我们已经失去对生命的尊重和生命的神圣性。

然而这不过是神的要求,不是圣约的条件。若不然,神就不会继续供应我们所需并继续喂养我们。这不过是祂希望我们能做到的:尊重动物和人类的生命,并视人类生命为神圣上帝的形象。不幸的是,我们遭受进化论的洗脑,以为人类和动物一样,以致我们不再在动物和人类之前划清界限。然而圣经却清楚指明两者之间的差异。动物并不是以神的形象而造。我们是,所以谋杀是渎圣罪,而且要一命偿一命。我们虽然大致上已经不再遵守神的要求,但是神仍然守约,因为这圣约是无条件的,我们也知道这约的期限:**地还存留的时候**。神至今仍然守约。

我们现在要问的问题是:祂为什么答应这么做?原因是,若不这么做,祂就永远无法拥有想要的家庭。祂要家中有儿子和女儿，祂要人类建立关系。祂在圣经中经常说："我要做他们的神，他们要做我的子民"。这就是祂要的：更大的家庭，更多的关系。

所以祂必须保存人类，延续生命，不然祂就没有办法扩大祂的家庭。这是根本的目的。这就是你我在地球上的原因。我来到世上不是享受生命和追求幸福而已。这两件事可能在美国宪法中，但这并不是神放置你在地球上的原因。祂让你来到世上，是要你寻找祂并加入祂的大家庭。直到你了解祂的动机才能找到生命的真正目的，因为真正的目的并无其他。

除此之外，祂也设立一个记号来提醒自己要信守诺言，这是你见过的：彩虹。每当太阳和雨在同一个时刻出现的时候，我们就会看见旬丽的彩虹。这是神的婚戒，是祂圣约的戒指。祂并没有说："当你看见彩虹时，要记得你的承诺，"祂反而说："当我看见彩虹时，我一定会记得所做出的承诺。这个彩虹是个记号，提醒我永远延续人类的生命"。这是神所承诺的。神曾毁灭地球一次，我们必须铭记这个事件。我们要知道，祂有能力、也可能再度毁灭地球。然而，祂却信守承诺，延续人类生命。祂这么做的理由很简单：因为祂要一个家庭。祂决心要一个家庭。然而，祂若真的要组织一个家庭就必须设立不同的圣约，因为挪亚之约无法提供神一个家庭。挪亚之约有这个潜力，但却无法实际成就。

第四章
亚伯拉罕之约

我们现在来讨论神在设立挪亚之约之后所立的约。这是神与一位关系亲密的老人所立的约。这位老人当时所住的房子是用砖建成的,同时屋内建有壁炉和两层楼的房间!我并不是在开玩笑!如果你今天到迦勒底的吾珥,就会看到最先进的砖瓦房之一。我拿到了一张关于这地方建筑的照片,然后给我的妻子看。我说:"你想不想住在这房子里?"她说:"房子的设计有点老土。"我说:"应该的,这房子已经有四千多年的历史了。"

所以,圣经描述一位老人住在舒适、建有壁炉的砖瓦房子内。神向他说:"我要你今后一辈子住在帐篷内。"我不知道有多少名八十岁的男人会愿意离开漂亮的房子,然后一辈子住在帐篷内,而且不但要住在帐篷中,还要离乡背井,远离朋友,毫无牵挂地离开,到遥远、从未见过的国家居住。这名老人就那么做了。圣经描述亚伯拉罕为"我们所有人的父"(罗马书 4 章 16 节),而他确实是。这位老人离开充满异教徒和奇怪异形之神明的地方,然后在年纪老迈时长途跋涉。他年老的妻子也跟随左右。亚伯拉罕信靠神并顺服祂的吩咐展开旅程。

神说:"我要与你立约"。这是一个奇妙的圣约,不是关于**生存**,而是关于**拣选**(selection)。神拣选亚伯拉罕和他的后嗣为特别的人民。

神分别向亚伯拉罕之子以撒和孙子雅各重立这个圣约。神与这三代的男人立约。正如我们之前所提,在一定的程度上,约就是婚姻。这就是个"我必"的表态。我们现在要问的是:神为什么拣选他们?他们比所有人更优越吗?其实不然。事实上,他们一点也不完美。这三个人为了保全自己都撒了谎并且欺骗他人。你可以去读相关的故事。他们唯一独特之处就是**他们完成神所吩咐的**。他们信靠神并顺服祂的话语,仅此而已。就因为这个原因,神与他们建立关系,而奇妙的是,祂还将他们的名字纳入祂的名,并在此后被称为"亚伯拉罕、以撒和雅各的神"。

神至今仍然是这三位顺服祂、成为祂后嗣之男人的神。祂说:"我在地球中心地带为你留了一块永远属于你的土地"。有趣的是,尽管亚伯拉罕从未拥有这块地,他却在遗嘱中将它留给他的儿子。以撒也未曾拥有这块地,而他也在遗嘱中将它留给他的儿子。这家族的人将这土地的地契世代相传。这是何等惊人的信心,能将所应许却还未得到的事物留给后人!这就是信心,不是吗?我只为我个人所拥有的事物立了遗嘱,但是却没有将未曾拥有的东西留给后人。亚伯拉罕如此做了,以撒如此做了,雅阁也如此做了,而这三个人永远与神的名有关联。

第四章 亚伯拉罕之约

论到这三人，耶稣说："他们仍然活着，他们并没有死去。"我曾到希伯伦参观他们的坟墓，但是他们却不再墓中。亚伯拉罕、以撒和雅各今天仍然活着，前提是你相信耶稣的话。他们在人类历史结束时仍然会活着。圣经提到，我们有一天会在天堂中与亚伯拉罕、以撒和雅各一同坐席，一同飨宴。我无法抗拒地提到一点：耶稣会成为伺候我们的侍应生（路加福音12章37节）。这将会是多么令人震惊的一幕：你坐下来向亚伯拉罕、以撒和雅各打招呼，然后耶稣说："这是你的膳食。"我就是无法应付这件事。我感觉自己有点像彼得一样，向耶稣说："你永远都不能帮我洗脚。不行，耶稣，不必如此，让我服侍你。"耶稣会说："不，没关系，这宴席是为你而设，让我招待你吧。"

正如我们说的，当时神拣选了这三名男人和他们的后嗣，并在迦南应许之地与他们立约。这个圣约兼具两个层面：国家性和国际性。国家性的层面指的是神会将后嗣赐给亚伯拉罕，就算他们夫妇俩已经远远超过了生育年龄，也不会改变神的旨意。神说："我会确保你有后嗣，而且我会赐你一块地让他们永远居住。"这就是神的应许，也就是祂所立的圣约，是国家性的。"所有权"这句话具有重大意义，因为拥有这块地并没有包含任何条件，也就是说，这是无条件的。这块地永远属于犹太人。然而这个圣约也有国际性的层面，那就是："地上的万族都要因你得福"。

这就是哲学家所称的"scandal of particularity"（无中文翻译），意思就是选择特定的人物或管道的方式，而这句话带有一点负面的成分。然而这是神的运作方式：选择一个民族，然后通过他们祝福其他人。我们夫妇共有三名孩子。他们小的时候，我固定每个星期六给他们糖果吃。这是我们家族的小传统。我可以通过两个方式把糖果给他们：第一、把所有的糖果交给其中一名孩子，然后告诉他："去和另外两个人分享"，或第二、每一个人都分得一包糖果。第二个方式让家中天下太平；第一个方式就会掀起争执："你怎么拿得比我多，不公平。"然而，这就是神所选择的方式。祂并没有选择祝福美国人、华人、印度人或英国人。祂说："我要把这块地赐给你们犹太人，你们现在要与他人分享。"

这就是我们所有人都依赖犹太人的原因。我们欠他们的实在太多了。若没有犹太人，我们就不可能有圣经。若没有犹太人，我们就不可能有教会。我最珍惜的一切都归功于犹太人，而这就是神运作的方式。我想你可能知道由 William Norman Ewer 所写的一首小诗："神选择犹太人真奇怪"（"How odd of God to choose the Jews"，译者翻译）。有另一位诗人觉得这篇小诗过于简短，因此添加一句："但是，选择神却藐视犹太人的人就更奇怪"（"But odder still for those who choose the Jewish God and scorn the Jews"，译者翻译）。

然而，许多基督徒却这么做。在最好的情况中，他们忽视犹太人；在最坏的情况中，我想我还是不要多说。犹太人在基督徒国家中所承受的苦难比在穆斯林国家还多。发生纳粹大屠杀（或称犹太人大屠杀；Holocaust）的国家中，有一半的人民是新教徒（Protestant），另外一半则是天主教徒。教会使犹太人经历深深的痛苦和逼迫，这是对教会的耻辱，我们应该感到惭愧莫名。

当然，这个圣约也有国际性的层面，那就是："地上的万族都要因你得福"。

然而，神的圣约中还有附加条款。祂说："为你祝福的，我必赐福于他；那咒诅你的，我必咒诅他。"神不但是咒诅人的神，祂也是祝福人的神。祂是击杀人的神，同时也是医治人的神。祂同时是位良善和严厉的神。这一点，我们需要铭记在心。

我们如何对待祂所拣选之人民将会决定祂对待我们的态度。祝福犹太人，以色列的神必祝福你。咒诅他们，你将被咒诅。

我曾在过去看到这种情况发生在一个国家和个别人士身上。创造宇宙万物的神就是以色列的神，而祂也是亚伯拉罕、以撒和雅各的神。祂将自己与他们系在一起，而这一点是我们需要时时铭记于心的。

这个圣约有附带任何条件吗？答案是：有，有附带条件。这条件就是亚伯拉罕的后裔必须行割礼（circumcision），也就是割除男性生殖器官外层的阳皮。这项手术虽简单，但是意义重大。这个民族将世世代代把这个独特印记刻在身体上。神告诉亚伯拉罕："但不受割礼的男子，必从民中剪除，因他背了我的约"。这是一个严格的条件，但也是唯一的条件（创世记17章14节）。

我可以如此生动地形容：每一位行割礼的犹太人的裤裆中都有应许之地的地契；这是事实。拥有这个印记的人就是亚伯拉罕的后裔，他属于这块地，而这块地也属于他。这块地就是中东纠纷的根本问题。然而，关于这个问题，我们必须聆听神的话，而不仅仅是人所说的。

这个圣约的期限有多长？这个圣约是永久的。神设立此约的目的就是建立一个可以和全世界沟通的管道。神将犹太人放置在地球的中心，也就是应许之地，来显明一件事：选择以神的方式生活的人将倍受祝福，若不然，他们将受到咒诅。在过去几个世纪中犹太人的经历展示了这两个方面。没有任何国家比犹太人蒙得更多地祝福，但是，也没有任何国家比他们遭受更多的咒诅。犹太人就是神活生生的示范管道。当年法国国王路易十六请布莱兹·帕斯卡（Blaise Pascal）提出一个神存在的证据。后者回答："陛下，那就是犹太人啊"。我认为这是一个非常美妙的答案。你可以尝试在研读犹太人的历史时将神摒除在外，然后试图做出解释，你会发现这将是困难重重。犹太人是这个世界的示范。

第五章
摩西之约（旧约）

摩西之约是继亚伯拉罕 430 年后，神与摩西在西奈山上所立的。这个圣约关乎占领（occupation）神所赐予的土地，而亚伯拉罕之约是关乎土地永远的所有权。当然，这不表示神没有列下占领土地的条件，而且神颁布了律法，其中的范围涵盖以色列人民的家庭生活、婚姻、死亡、穿着、饮食、垃圾处理和一系列的地方法规和附则（bye-laws），一应俱全。这里一共有 613 条律法，其中主要十条被称为"十诫"，其余 603 条涵盖生活每个层面。这就是他们过着圣洁、健康和快乐的生活的方式。

"如果你遵行诫命生活，我必祝福这地，使它丰沃。我必祝福你的身体，你们当中必无疾病，也无贫穷。"这是多么美好的圣约，然而，它的负面之处是："如果你违逆我的方式，那么我必诅咒你，使瘟疫和旱灾临到，使你的农作物得病，使蝗虫吃尽它们；我必会使地震发生；我必使入侵者袭击你的国家。如果这一切仍然没有功效，如果你仍然执意选择错误的路，我就会让入侵者进入并占领你们的土地。若你们到最后仍然违逆我的吩咐，你们就会离开你们的国家，被流放他国。"

以上所有的一切都发生了。你们去读一读圣经旧约。这其中的故事讲述一群子民如何执意拒绝以神的方式生活。他们顽梗不化。这是一个不幸的故事。他们花了一千年才完全拥有应许之地，却在短短的五百年之内就完全失去它。这就是摩西之约，而其中的条件就是遵行神的律法。这个圣约纯粹是国家性的（只影响以色列人民），也是一个安全之约，关乎在领土中生活方面的安全。

　　无论是祝福或诅咒，神至今仍然信守承诺。如果你细读申命记28章，细看因为违逆主言而招致的咒诅，你其实就是在读七十年前发生的纳粹大屠杀。这个令人难以置信、在纳粹德国发生的事件早在三千多年前就已经记载在圣经里。神信守向他们做出的承诺。这是一句非常严厉的话，因为犹太人争论的其中一点是："纳粹大屠杀发生时，神在哪里？"。我只听过一位犹太人有勇气说，神其实正在诅咒祂的子民，而这人就是Art Katz（无中文翻译）。

　　不要以为你可以与神开玩笑。祂是认真的。祂说到做到，而祂所承诺的祝福和咒诅不仅仅关系着犹太人，也关系着全体人类。总有一天，主耶稣必会分别列国，好像牧羊人分别绵羊山羊一般，绵羊在右边，而山羊在左边。祂会向那右边的说："你们这蒙我父赐福的，可来承受那创世以来为你们所预备的国"。祂会向左边的说："你们这被咒诅的人，离开我"。耶稣本身会进行审判，并会祝福和咒诅全世界（马太福音25章）。

第五章 摩西之约（旧约）

摩西之约是暂时的。它的有效期限维持到弥赛亚的降临，所以摩西律法也是暂时的。这是非常重要的一点（见加拉太书3章23-25节）。律法的用意是让以色列国成为众国的示范：遵行神的方式必蒙祝福，违逆主言必招咒诅。遵循自己方式生活的"国歌"就是："**我偏走自己的路**"。这就是罪的本质，而这也是神无法接受的。祂赐予我们生命，指导我们如何生活，也就是如何成为健康快乐的人民和如何成为祂的后嗣。问题是，我们多数人根本不想知道！

除非你很小心，不然你会把自己归在这个犹太圣约之下，使自己有义务履行其中的条件。就算是传道人也犯这个错误。让我举个例子：如果有人告诉你，你必须奉献收入的百分之十（十一奉献），你已经被归在与你毫无关系的圣约之下。在神所立之新约中，你所做的是捐献，而不是纳十一奉献。新约中是不需要缴纳税金的。事实上，新约中提到，"捐得乐意的人是神所喜爱的"。这并不表示当奉献袋交到你手上时，你需要满脸笑容。这句经文的意思是，除非你愿意给予，不然神对你的金钱丝毫不感兴趣。对许多人而言，十一奉献根本无法表达他们对主的感谢，而对其他人而言，他们根本没有能力给予十一奉献。对一位遭丈夫遗弃、独立抚养孩子的单亲妈妈而言，十一奉献的负担过于沉重。除非你愿意给予，不然神才不要你的金钱。这就是"捐得乐意的人是神所喜爱的"的意思。神喜爱那些愿意牺牲好处并定期给予的人，祂更喜爱捐得乐意的人。这个例子虽然是题外话，但是却能说明我们如何将自己归在错的圣约之下。这是因为十一奉献是犹太人圣约中需要履行的条件之一。感谢主，我无需这么做。

让我再进一步说明。几年前，有一群以色列和阿拉伯信徒在以色列聚集，然后发现他们当中并没有足够的共同之处让他们继续聚集。很快的，他们彼此开始争吵。他们觉得有需要找第三者来帮助他们理清问题，然后告诉他们要"彼此分享"。

他们一致建议我为合适的人选，然后拨电话给我："你是否可以马上到以色列来？我们需要你的帮助。"

临时购买的机票是非常昂贵的，而当时的票价是680英镑。所以我说："我并没有那么多钱，而我也无法要求你出这笔钱。"

后来，一群年轻的以色列和阿拉伯信徒聚在一起，把他们所有的钱拿出来，筹集相等于120英镑的新谢克尔（以色列官方货币）。

与此同时，我到了伦敦卢顿机场询问售票柜台的服务人员："你们是否有任何包机航班前往以色列？"

她回答："有一班，正要起飞呢。"

"你可以帮我划位吗？"

"不好意思，航班满了。"

我说："你确定没有任何位子吗？"

"那么，你可以购买机舱人员的位子，就是那些面向

第五章 摩西之约（旧约）

乘客、翻起式的座椅。你介意吗？这位子不太舒服。"

"票价多少？"

"120英镑。"

这机票的费用正是以色列年轻人筹集的金额数目，所以我上了飞机，面向一排乘客，然后坐了下来。我发现我是飞机上唯一的外邦人，其余的乘客看起来是要到耶路撒冷探访亲人。我注意到坐在我面前的三位男士都是拉比（犹太教师）。我们吃了一顿丰富的犹太洁食（kosher）之后，心里想："好吧，我们倒不如来聊聊天。"

所以我问第一位拉比："你是否遵守摩西律法？"

"那当然。"

我问："那么，这条呢？"

"哦，不，我们遵守其他的，而不是这条。"

"噢，原来你并不遵守所有的摩西律法。"

之后，我问第二位拉比："你是否遵守摩西律法？"

"是，我们都遵守。"

我问："那么，这条呢？"

"你要知道，我们现在没有圣殿了，所以不需要遵守这条。"

"噢，原来你并不遵守所有的摩西律法。"

第三位拉比也是做出类似的回应。

终于，第一位拉比看着我的眼睛然后问："你是谁？正统派？自由派？还是改革派？"

我回答："不，皆不是你所说的。"

然后他说：“我知道你是谁了。你是基督徒。你认为你已经不再需要遵守摩西律法了。”

我说："是的，不需要的，而且这还真令我松一口气啊，因为你们三位也没有完全遵守摩西律法！"

可惜的是，我们很快就降落在现在的以色列本·古里安国际机场，所以我很快就结束这个对话。

摩西律法是赐予以色列人的。如果你是外邦人却又选择将自己归在摩西律法之下，你迟早会面临问题的。我们稍后再回来详细讨论这点，但这就是混淆不同圣约的后果。每个圣约有特定相应的子民，有特定的目的，也有特定的期限。对于不同的圣约，这些都是我们需要提出的问题。

第六章
大卫之约

神与大卫王所立的圣约是关于王位的继任（succession）。大卫在位的时期是以色列国的巅峰期，是领土境界最为辽阔的时候。大部分的应许之地已经属于他们，境内一片和平。非力士人被击败了，其他国家民族也被归纳在大卫的王国之内。大卫王国被视为帝国，至今仍受犹太人推崇为犹太历史中最辉煌的时期。我手上戴着两枚刻着"大卫"的戒指。其中一枚是我妻子在我们结婚二十五周年时送给我的。当时我在耶路撒冷看着一名犹太人帮我打造这枚戒指，并在上面刻了耶路撒冷的城墙，同时在其上刻了我的名字。我的妻子将它送给我，提醒我要成为"城墙上的守望者"。

另一枚戒指是在伦敦被发现的，当时正在进行新住宅的地基开挖工程。工人发现挖掘的地点是一个旧犹太坟场，并在骨头堆当中发现这一枚刻有"大卫"的戒指，所以就将它送给我。对此，我铭感五内。我不知道这枚戒指属于何人，只知道它在很久以前属于一位名叫大卫的犹太人。

以色列国在处于巅峰期时，神与大卫立了约，大卫在临终前为这个圣约而感谢神。这个圣约有两个层面：国家性和国际性。在国家性层面而言，如果他们遵行神的诫命，神应许会有后人继任他的王位。

然而，这个应许中还包括另一个成分：有一天，必有一位大卫的子孙会永远登上大卫的王位。祂不仅仅会是犹太人的王，祂也将是全世界和所有人民的王。这就是大卫之约。真是个奇妙的圣约！我们知道这人是谁。神会藉由弥赛亚这位受膏者（anointed one）设立新约。"受膏者"的希伯来文是"Maschiah"，而"Messiah"（弥赛亚）一词就是从它而来。"受膏者"的希腊文是"Christos"，而"Christ"（基督）一词就是从它而来。"受膏者"并不是耶稣的姓，它的意思是"弥赛亚"。我多么希望我们能选用"弥赛亚"而不是"基督"，因为它会提醒我们耶稣是犹太人，而且祂成就了犹太圣约。如果我们不说"主耶稣基督"，反而说"主耶稣弥赛亚"，我们就真的说出了这句话的意义：犹太人之王。

大卫会有许多子孙继承王位，但前提是，他们必须遵行诫命。然而，唯有一名子孙的继位是无条件、是永远持续的。其他人的王位是暂时的。耶稣一旦降临，祂就成为永远的君王，这就是要在地上显明神在天上的国度。我们被造并不是为了民主制度，这与人类本性不符。我记得曾看过由塞西尔·德米尔（Cecil B. DeMille）指导开拍的《十诫》。他在影片开始前出现在荧幕中并说："这部影片是关于民主的开始"。我在想："民主？难道你没有读你的圣经？圣经中丝毫没有任何民主的痕迹。"温斯顿·丘吉尔（Winston Churchill）曾说："除了其他所有不断被试验的政府形式之外，民主是最糟的政府形式"。如果你仔细思考，这是一句蛮深奥的声明。我们被造并不是为了民主选举、政治党派和政府。我们被造是要生活在一个王国之中，由一位君王立法治理人民。许多人认为这是个可怕的想法，但是我可以在两分钟之内说服他们。你看，问题在于大多数的君王都是恶劣的。他们被权力冲昏脑袋，开始腐败贪污，然后情况就每况愈下，有些甚至让人民陷入水深火热之中。

但是，如果我可以找到一位已经为所有人摆上生命、关心贫苦人民、对权力、财富或名誉不感兴趣、只想服侍所有人、甚至连性命都可以牺牲的君王，你会不会想要这样的君王？答案是：我们找到了！在使徒行传中，初期教会的信徒因为说："我们有另一个君王"而受到逼迫。这也是我们的福音：我们找到完全的君王了，而且总有一天祂将成为所有国家的王。

你要告诉别人，总有一天会有一个君王统治他们，而祂是犹太人。这就是真理，因为大卫之约将会被成就，而且已经成就了。我们已经找到一名完全的人来统治我们，而祂的服事是完全自由、没有辖制的。

我们在下一章会探讨弥赛亚新约，也会了解它如何影响我们之前所提到的圣约。

第七章
弥赛亚之约（新约）

接下来几个段落结合了我之前所做的教导：将以色列和"新"约连接起来。

耶和华说："日子将到，我要与以色列家和犹大家另立新约。不像我拉着他们祖宗的手领他们出埃及地的时候，与他们所立的约，我虽做他们的丈夫，他们却背了我的约。"这是耶和华说的。耶和华说："那些日子以后，我与以色列家所立的约乃是这样：我要将我的律法放在他们里面，写在他们心上；我要做他们的神，他们要做我的子民。他们各人不再教导自己的邻舍和自己的弟兄说'你该认识耶和华'，因为他们从最小的到至大的都必认识我。我要赦免他们的罪孽，不再记念他们的罪恶。"这是耶和华说的。那使太阳白日发光，使星月有定例，黑夜发亮，又搅动大海，使海中波浪砰訇的，万军之耶和华是祂的名，祂如此说："这些定例若能在我面前废掉，以色列的后裔也就在我面前断绝，永远不再成国。"这是耶和华说的。耶和华如此说："若能量度上天，寻察下地的根基，我就因以色列后裔一切所行的弃绝他们。"这是耶和华说的。（耶利米书 31 章 31-37 节）

我们提到圣经中有五个主要的圣约，而我们已经讨论其中四个。我们注意到这五个圣约都出现在圣经旧约，而所有五个圣约也都出现在圣经新约。我要再次强调，整本圣经被分为两部分，分别被称为旧约（Old Testament）和新约（New Testament）。这个名称是非常具误导性的。我不知道是什么人给予这个名称，我只能说这是个错误。我非常肯定这个名称并非来自神的感动，因为英文"testament"和"covenant"在中文皆被翻译为"约"，导致人们产生误解。

当圣经一部分被称为旧约，而另一部分被称为新约时，这给人一种错误的印象，以为圣经中只有两个圣约（covenant）。他们将"旧"约（圣经旧约）中所有一切归纳为过时的，同时保质期限已过，不予使用。他们同时会认为"新"约（圣经新约）是不同、特别和新鲜的，所以只需要专注在新约方面即可。没有什么比这更大的错误了。我希望你能研读整本圣经，从第一页到最后一页。

为了帮助读者区分"testament"和"covenant"，本书将圣经旧约和圣经新约部分分别称为"圣经旧约"和"圣经新约"，并将神所立之旧约和新约分别称为"摩西旧约"和"弥赛亚新约"。

我记得曾进入一间小屋，看到一位老人坐在壁炉旁读着圣经。每次我去探访他，他都在读圣经。我问他："你读遍圣经几次呢？"

他回答："很多次。"

第七章 弥赛亚之约（新约）

我追问："是几次呢？"

他回答："十八次。"

我继续问："你为什么要读完，一遍又一遍呢？"当时我还年轻，只读遍圣经几次。

他回答："因为我不想错过任何东西。"我喜欢这个答案，你不喜欢吗？

有一次我看到一位老太太在读圣经，我就问她："您为什么在读圣经呢？"

她说："我刻苦学习是为了人生的毕业考。"这个答案还蛮直截了当的。

我们提到所有五个圣约均出现在圣经旧约和圣经新约当中，其中只有一个被称为"新约"，另一个则被称为"旧约"，而后者已经取代了前者。我们称新约为"弥赛亚之约"是因为它是由耶稣，也就是弥赛亚和基督设立的。让我们现在一起来探讨。这是一个令人兴奋的圣约。

弥赛亚新约

1、在圣经旧约中被公布

    耶利米——哪些特征?　　　　　　**天父**
    a. 倾向—因此是内在的、个人的　　|
    b. 亲密
    c. 纯真

    以赛亚——由谁成立?　　　　　　**圣子**
    a. 至高权威　　　　　　　　　　　|
    b. 受苦仆人

    以西结——如何发生?　　　　　　**圣灵**
    a. 更新人的灵
    b. 接受圣灵

2、在新约中成就

    主耶稣基督
    a. 救赎：除掉人的罪
    　　　　　　　　之间：复活
    b. 升天：使我们被圣灵充满

    圣灵
    a. 施洗：一次
    b. 充满：持续不断

    新约子民
    a. 基督的肢体：祂的羊群和家庭
    b. 圣灵的团契：祂的恩赐和果子

第七章 弥赛亚之约（新约）

这个圣约在圣经旧约中已经被公布了，所以它是在公布多年之后才成立的。公布此圣约的旧约先知有耶利米、以赛亚和以西结。他们每个人都为这个神所立之新约提供不同的角度。这个新约不但与神在西奈山上与摩西所立之旧约迥异，它更是更胜一筹。事实上，耶利米第 31 章提到："**不像我拉着他们祖宗的手领他们出埃及地的时候，与他们所立的约，**"这句经文描述的是在西奈山上所立的约，然而，弥赛亚新约将是非常不同的。

耶利米公布了这个圣约的特征和其中的条件。以赛亚则公布由谁来成立这个圣约。最后，以西结公布这个圣约会如何发生。当你把这三位先知所说的话拼凑在一块，你就得到完整的拼图，看到未来这个新约的美妙图像。

让我们先从耶利米开始。新约是什么，包含哪些方面？第一个特征是**倾向**（Inclination）。这是什么意思？这个新约不会写在石板上，而是会刻在人的脑中，写在他们心上。它将会在人的里面，而不是人的外面。这又是什么意思？这句话的意思是，神不再只是告知我们要如何生活，而是会赐予我们内在的渴望来推动我们追求这样的生活；人们会想要正确地生活，而这就是摩西旧约和弥赛亚新约之间的差异。摩西旧约吩咐人们如何生活但是却没有给予任何动力。尽管所有诫命和十诫的用意是好的，但是当你用"你不可……"这般说辞强加在人类身上，人的本性就是故意去做不可以做的事。这就是摩西旧约的问题之处。

有一名小男孩第一天上学，他的老师问他："你叫什么名字？"

他回答："约翰·不可以。"

老师问："我相信这不是你的名字。"

他说："我妈妈每次都那么叫我：约翰，不可以。"

还有一名小男孩在还未吃完饭就站起来。

他的母亲说："坐下。"然而他没有坐下。

所以他的母亲再次大喊："我说：坐下。"

他还是站着不动。

这位母亲勃然大怒，高声说："你给我坐下，要不然……"

这名男孩坐下了，但是他却说："外面的我虽然坐下了，但是里面的我仍然是站着的。"

虽然这个故事是关于小孩子，但是大人也是一样糟糕。我记得在剑桥大学有一位学生在门外挂了一个牌子，上面写着：肃静，我在读书。我们在经过门外走廊时就会故意大力跺脚，然后喧哗大闹。你告诉某人不要做一件事，你就是在邀请他们去做那一件事。这是人性，因为这些条规是写在我们的外面，不是刻在我们的里面。当条规写在心上和脑中，你就会愿意去做正确的事。

有些英国教会在星期日主日聚会中会背诵十诫。会堂中的信徒需要做出的回应是："主，使我们的心趋向遵守你的律法"。摩西旧约所对付的人心是不趋向遵行律法的，然而弥赛亚新约会改变人心，使它趋向遵行神的话语。所

第七章 弥赛亚之约（新约）

以，你其实就会发现自己想要做美好和正确的事，想要顺服神和祂的话语，并且想要以祂所吩咐的方式生活。这就是弥赛亚新约，是摩西之约永远无法做到的。

弥赛亚新约第二个特征是**亲密**（Intimacy）。耶利米的教导指出，在这个新约中，信徒会愿意亲自认识主，而不是通过他人。他们不再需要摩西从山上下来告诉他们关于神的事，反而他们会自己认识祂。如果你认识一个人，你会知道他们什么时候感到生气。我和妻子共同生活已经有五十多年了。我对她非常熟悉。当我惹她生气时，她不需要告诉我，我会知道，因为她会静默不言。

我通常到国外时都会打电话回家报平安。有一次我到澳大利亚去，抵达后给她拨了电话。

电话接通后我就说："喂，亲爱的，喂？"

我说："是你吗，亲爱的？"

之后有一个很长的停顿。

"是的，我是。"

再一个很长的停顿。

"你还好吗？"

"是的。"

又一个停顿。

"你确定一切安好？"

"是的。"

又一个停顿。

我不禁想："糟糕，我做错了什么？我确定出门前已经亲吻她并跟她道别了。有什么是她吩咐我在离开前完成而我却没有完成的？"

我在澳大利亚急得冒汗，突然我察觉这是收讯不良而产生的停顿。噢，我顿时松了一口气！

你知道吗，她只需要静默不语，我就知道了。刚结婚时，我的妻子会留字条。我回家晚了，她会在餐桌上留字一张字条：你的拖鞋在冰箱里，你的夜宵拿去喂狗了，我头疼先睡了。一看，我就知道我惹麻烦了。然而现在她已经不再需要留字条了，因为我懂她，一旦惹她生气、让她难过、做了她不要我做的事或没做她要我做的事，我马上就会察觉，因为我知道。

这就是你和神在弥赛亚新约中的互动。你若让祂难过，你会知道。你若做了祂不想你做的事，你会知道。你会知道是因为现在你认识祂。当你犯错时，你不再需要别人告诉你。你知道，而这是与神之间所培养的亲密关系。

耶利米所提到第三个弥赛亚新约的特征是纯真（Innocence），因为若有一样东西能破坏关系，那就是愧疚。你若愧对所爱的人，就无法自在地和他相处。这份愧疚会夹在你们中间。你有不想让他们知道的事情。你有事情隐瞒他们。

有些丈夫送花给妻子时，她们可能会说："你最近做了什么事？"然而，能够真正得到赦免是一个美好的经历，因为你变干净了。你再次恢复了纯真，而拥有纯真

第七章 弥赛亚之约（新约）

的人可以像小孩子一样，毫无保留地给予。所以在这个新约中，耶利米说："神会赦免你们的罪孽，不再记念你们的罪恶。"尽管我无法控制自己的记忆，神却可以。若我犯错，我会因为无法忘记而无法原谅自己。然而，神可以控制祂的记忆系统，而祂也说："我不再纪念。"

有一个星期天晚上，我正准备关上教会的灯并把门锁上，我突然注意到聚会点的前排座位坐着一位嚎啕大哭的老妇人。我上前并坐在她的身旁问她："姐妹，告诉我，发生什么事？你为什么这么伤心？"

她说："二十年前我做了最糟糕的事，我实在太惭愧了。如果我的家人知道，他们就不会再认我，也不会再和我说话了。如果我的朋友知道，他们就会离开我。"

她继续说："可是，最糟糕的是，我过去那么多年不断请求主赦免我，但是祂从来没有。"

我回答她："可怜的姐妹，你过去不断向神提起这件事，但是祂根本不知道你在说什么，因为你第一次请求祂的饶恕时，祂就已经赦免你，并且把事情忘得一干二净了。"

她说："我无法相信。"

问题在于，她没有办法忘记这件事，所以她以为神也无法忘记。我必须翻开圣经，把经文指给她看，让她看到神说："我不在纪念。"

她终于明白了真理，站了起来，然后在空荡荡的教会中喜乐地跳舞。这位老妇人应该将近八十岁了。我静坐在一旁看着她。她因为知道神已经忘记这件事而高兴地飞舞起来。

　　这是唯有神能够做到的事，无人能消除记忆，这也是为什么我们很难彼此饶恕，也很难在对自己失望时感觉到被饶恕。你可以将这个记忆埋在潜意识里，但是奇怪的是，它有一个习惯，就是在最出乎预料的时候出现。一个声音、味道或物品就会提醒你它的存在，然后在若干年后有再来扰乱你的思绪。然而，知道神已经忘记这件事则是另一回事。有时我会想，当我见到主面时，我会说："哦主啊，我对我所做的一些事真的感到非常后悔。我感到非常抱歉。"祂会对我说："你做了什么，大卫？我不记得了。"这真是一件奇迹，这就是赦免。

　　所以，弥赛亚新约会给予一颗愿意遵行神律法的心。弥赛亚新约会让你认识神，让你在惹祂生气时马上察觉所犯的错。此外，弥赛亚新约会给予你无愧的良心，让你和神之间毫无芥蒂。真是一个奇妙的圣约。这个圣约远远胜过摩西之约。

　　耶利米所提到的弥赛亚新约是个人（individual）与神所立的圣约。这个圣约并不是与其他国家所立，而是与个人所立。你的父母可能与神立了此约，但是这不表示你也立了此约，因为这是个人的圣约。事实上，一位丈夫可能与神立了此约，但是妻子却没有；反之亦然。你不可以躲在别人的后面。在这新约中，你必须自己到

第七章 弥赛亚之约（新约）

神面前与神立约。这是耶利米 31 章所描述的。这个圣约也是一个内在、在你里面、刻在你心上的约。

现在，让我把注意力放在先知以赛亚身上，他也提到了弥赛亚新约，但是他所提到是立约之人，而这人会在神和祂子民之间成立这个圣约。

以赛亚对这个人做出了两点描述：在以赛亚书前半部，他描述一位至高权威，一位君王，一位统治者，政权必担在他的肩头上。祂名称为奇妙、策士、全能的神、永在的父、和平的君；最重要的是，祂会成为战无不胜的君王，而这是一幅非常强而有力的图画。

然而，在以赛亚书的后半部，先知改变了语调，开始描述一位受苦的仆人。你可能知道以赛亚一共写了五首歌来描述这位受苦的仆人，其中特别有一首非常凄美，那就是以赛亚书第 53 章："哪知祂为我们的过犯受害，为我们的罪孽压伤。因祂受的刑罚，我们得平安，因祂受的鞭伤，我们得医治"。

这幅画是关于一个人如何为了祂子民的罪而身受诸苦。就算如此，祂在受苦时也没有开口，反而如羊羔般被牵到宰杀之地，就算被钉死在十字架上也静默不语。尽管这首歌在耶稣降临的一千年之前就已经写成，我们都知道这人是谁。祂就是我们的救主。

这里有一个非比寻常的结合：至高权威和受苦仆人。犹太人至今仍然没有办法接受这个结合。他们甚至相信可能会有两位弥赛亚降临：弥赛亚，约瑟之子（Messiah ben Joseph）和弥赛亚，大卫之子（Messiah ben David）。对此，他们的解读是错误的。

他们就是无法将两者拼凑在一起，但是我们可以，因为我们知道弥赛亚会来到世上两次：祂之前第一次来的时候是以受苦仆人的身份降临，而祂第二次再来的时候是以至高权威的身份降临。因此，对信徒而言，以赛亚所描述的是相同的人，只不过祂是亲临地球两次，而不是两位不同的人。

我们之前提到立约的例子之一就是立遗嘱，并将财产留给指定的人。这是你所立的遗嘱。你还在世的时候可以随意更改，但是一旦逝世就不得修改。事实上，除非你过世，不然你所立的遗嘱不能生效。在你过世之前，这遗嘱不过是一张纸，但是过世后，你的财产就会给予受遗赠人。

圣经新约书信中对这弥赛亚新约做出相同的描述：除非成立这圣约的逝世，不然它就无法生效。耶稣被钉死的前一晚，祂说："这是我立约的血"。耶稣必须死，如此一来，你才能继承这个圣约的好处。这正是两千多年前所发生的事。我们的主耶稣通过惨痛的死亡，赐给我们一个新约。这就是你定期在教会中进行圣餐的原因，我们掰饼饮杯就是为了纪念祂所做的一切。耶稣必须死，你才能继承这个新约。当你喝下这杯时，要记得耶稣的话："这杯是用我的血所立的新约。你们每逢喝的时候，要如此行，为的是记念我。"

第七章 弥赛亚之约（新约）

现在，让我们一起翻到以西结书，看看这位先知对这个新约有何说法。对于新约的特征或成立的人，以西结并没有做出太多的描述，但是他却对新约如何发生滔滔不绝。神的律法怎么可能写在我们的心上呢？我们整个里面的改变会如何发生？以西结告诉我们两个重要的真理。首先，以西结说人的灵在新约中会变得柔嫩；原本的石心会成为肉心。你会成为更温柔、更敏感的人。你的灵将会改变，因为基本上，当我们犯罪时，就会使内心刚硬。我们之前可能不会热烈回应他人，但是神将改变这一切，使人的灵变为更温柔，然后在上面刻上祂的律法。

神第二件要做的事就是要将祂的圣灵赐给祂的子民。有一点是非常清楚的：除非我们领受圣灵，不然我们永远无法享受新约。这是绝对必要的，因此，尽管以西结的记载发生在新约成立的数百年前，他却知道这个圣约将如何进行：改变人的灵和领受神所赐予的圣灵。

这几位先知所说都在新约成立的几个世纪之前发生的。在某种意义上，你在读这几篇经文时，你会通过耶利米、以赛亚和以西结的描述分别看到圣父、圣子和圣灵的运作。

所以，你在圣经旧约中看到三位一体的真神如何使万事互相效力，而事实上，没有圣父、圣子和圣灵，我们什么都不能做。祂们三者携手合作，把我们领入新约中。

在圣经旧约中所公布的弥赛亚新约在圣经新约中被

成就。这件事的确发生了，而成就这件事的就是主耶稣基督。祂首先为了除去我们的罪而被钉死，然后在复活升天之后将圣灵倾倒在我们身上。

没有耶稣的死亡、埋葬、复活和升天，你和我永远都无法进入新约中，但因为耶稣为我们承受的一切，我们现在可以坦然进入。然而，要完全进入新约不能只靠主耶稣，我们还需要更多。我们需要三位一体真神中的第三者，也就是圣灵。我们需要先受圣灵的洗。每本福音书在一开始都记载了施洗约翰的话："我会用水给你们施洗，但是祂会用圣灵给你们施洗。"

所有人都需要两次洗礼：水洗和圣灵的洗。我必须得说约翰所说的：我可以用水为人施洗；有一件事却是我做不到的，那就是用圣灵为你施洗。唯有耶稣能做这件事。

你经历圣灵的洗吗？你知道这是什么意思吗？其中一个意思是被神的圣灵完全充满，以致满溢出来。所以，你怎么知道你已经被充满至满溢？你怎么知道汽车的油缸已经填满？答案是：里面的汽油满溢出来！油缸的上方有个口，当油缸被填满时，里面的汽油就会满溢出来。我相信你在洗澡时会看到水龙头下方有个口，让水能流干。

我有一个弱点：我喜欢洗泡热水澡，甚至可以在泡热水澡时在脑中写完一本书，这是因为我全身放松。我面向正确的方向，身旁有"接收器"让我从外太空接受信

第七章 弥赛亚之约（新约）

息。我可以待在浴缸中直到水变冷了，还在继续思想神。问题是，如果我把浴缸装满了热水然后跳进去，浴缸中的水就会溢出来。水溢出来的时候会制造可怕的汨汨流水声，然后你就会听到楼下那位娇小玲珑的女士高喊："你又用完所有的热水了"。这就是满溢。那么，你是否知道神赐给每个人一个满溢的出口？那就是距离你鼻子下方大约一寸的小洞。如果你把手指放在鼻尖，然后向下移动一寸，你就会找到这个满溢的出口！

你里面装满什么就会从口中出来。如果你里面充满欢乐，你就会开口笑。你是无法自拔的。它就是会满溢出来。

当你充满恐惧时，你会大声惊叫，心中的恐惧就会出来。当你充满愤怒时，你会大喊。

当你被圣灵充满时，必有东西从你口中出来。它可能是一种新语言，也可以是任何东西。无论如何，你的内在完全被填满后就会开始溢出来。

有一次，我和一位宣教士坐在巴西一处的公园中。我们当时正在野餐，享受着三文治。

他告诉我："大卫，我过去不断尝试忠心地服事主。我在这里宣教已经有十年了。可是，我从来没有真正看见任何神迹。我感觉我在原地踏步，但是我已经为主尽了全力了。"

我相信他真的尽力了。他继续说："我不认为我真正被圣灵充满。你可以为我祷告吗？"

我当时坐在那里，将手放在他的头上，然后说："神，充满这位弟兄，直到他满溢为止。"

突然间，他开口大喊："哈利路亚！"。公园里所有人转头看着我们，让我不禁感到难为情。

之后，我问他："你是否曾这么做？"

他回答："从来没有。我是非常保守的英国人，不会在大庭广众如此大声呼喊。"

然后他问："就这样？"

我说："我刚刚听到你满溢后释放出来的声音。就是这个了。"

在这经历之后的二十四小时之内，两个病人在他祷告之后就得医治，这是前所未曾发生的事。

我对圣灵的洗的理解就是：被圣灵充满直到满溢，而这就是你知道你被充满的方式，因为你没有办法阻止它。

我现在要分享我被圣灵充满的见证。我的教会中有一位弟兄自我任命为"反对派的领袖"。你的教会有这样的人吗？我觉得神在所有教会中都放置一位这样的人，让我们时时刻刻保持警醒。我受够这位弟兄的所作所为。无论我提议什么，他不是说："我们从未做过，所以不会尝试"，就是说："我们做过了，但是没有效果"。因此，无论我提出什么建议，他都给我泼冷水。我以前结束教会会议后都会回家向妻子抱怨："噢，又是雅各"。她会鼓励我："你看，其他的会友是支持你的，不要被雅各影响。"

第七章 弥赛亚之约（新约）

每年一次，雅各都会从教会缺席一段时间，这对我来说简直是松了一口气。他会缺席是因为他的胸部较弱，会在春天时患上花粉症，所以医生需要他卧床高达六个星期。虽然他呼吸困难，但是对我来说，反对派领袖的缺席让我在六个星期内完成许多事。每年都如此。有一年发生这件事时，我想我必须去探访他。就在我前往去探访他的路途中，我一直听到"雅各五，雅各五，雅各五。"我想："我知道雅各是他的名字，那么五代表什么呢？"你可能知道！雅各书 5 章提到："你们中间有病了的呢，他就该请教会的长老来，他们可以奉主的名用油抹他，为他祷告。出于信心的祈祷要救那病人。"这时我想："我才不要为雅各祷告呢"。事实上，我从未任何做出类似的祷告。

我抵达雅各家时，我问他："嗨，雅各，你好吗？"

他问："你对雅各书 5 章有什么看法？"

我回答："你为什么这么问？"

他说："我要你为我祷告。我星期四早上需要到瑞士出差，但是医生要我卧床至少三个星期。"我看着他，面色死灰地平躺在床上，上气不接下气，肺部臃肿。

他问："你会来为我祷告吗？"

我回答："让我祷告看看。"这是个有效的推托之辞，不是吗？我返家后尝试为这件事祷告："主，请告诉我不应该如此做的理由。这里一定有个好理由。"然而，天堂却如铜一般无声无响，没有给我任何答案。

到了星期三，雅各的太太拨电话给我，并问："雅各说你会过来一趟，用膏油为他按手祷告？"

我答应他的请求说："好吧，我今晚会过来，也会请一些教会领袖过来。"之后我出去买了一大瓶的橄榄油。当天晚上，时间一到，我就出发了。我到达雅各的房间时看到他躺在床上，大声地喘着气。所以，我将圣经翻开至雅各书5章，然后一节一节地看，然后跟着其中的指示一步一步地做，就好像在参考汽车手册一样。经文提到的第一件事是：你们要彼此认罪。

我想我们最好从经文的开头开始，所以我说："雅各，我从来没有喜欢过你。"

他说："彼此彼此。"我们彼此认了罪。经文提到祷告，我们就祷告。之后，经文提到用油抹，我就打开橄榄油的瓶盖，将全部的油倒在他头上。你猜发生了什么事？什么都没发生！雅各仍旧躺在床上喘气，而我开始怀疑："我为什么趟这浑水？"我转身准备离开房间，心里想："他的情况比之前更糟了，他现在一定会觉得我无才无用了。"

我走向房门时问他："你还有明天到瑞士的机票吗？"

他回答："当然。"

我提议："明天我送你去机场。"

我说完后就跑回家，彻夜不眠。

隔天早上，我不想知道雅各发生了什么事。我希望

第七章 弥赛亚之约（新约）

我从未结识他，所以尝试预备讲道内容，尽量把他忘记。电话突然响了。当我拿起电话筒时，对方说："你好，我是雅各。你可以来接我，然后送我到机场吗？"

我问他："雅各，你还好吗？"

"我很好。"

"到底发生什么事？"

他回答："在半夜的时候，我感觉好像有两只手挤压我的胸口。我从肺中咳出一大桶的液体，然后开始觉得呼吸顺畅。"

我问："你见过医生了吗？"

"见过了，他说我没事了。事实上，我还剪了头发。理发师说他必须先帮我洗头，因为他从来没见过那么油腻的头发。"

现在我要告诉你三件事：第一、从此他的毛病就不再犯了；第二、他被圣灵充满了；第三、他成为我最好的朋友。

然而，我漏掉这见证中最重要的部分：我在前去为他祷告之前，独自到了教会，并跪在讲台前尝试为雅各祷告。你是否曾尝试为一位你想他继续生病的人祷告？这不是件容易的事。我挣扎了很久，然后祷告："主啊，我不想他好起来。"

然后，令我讶异的事情发生了：我发现自己开始全心全意地为雅各祷告，但说的却不是英文，听起来反而像中文。我用这个语言祷告了一个小时。

我记得我看着手表，心里想："我祷告了一个小时？是的！我不知道是否可以在做一次。"我再度开声祷告，而这次听起来像俄语。

　　这次我也是全心全意为雅各代祷。就在这个时刻，我明白使徒行传第2章是怎么一回事了；这时，我明白领受圣灵、受圣灵的洗是怎么样的感觉。现在，我发现自己会做过去从未做过的事。我发现我可以为病人祷告，并看到他们得医治；我发现我可以给予智慧和知识的言语；我发现我可以发预言。一个全新的世界展开在我的面前。

　　这就是新约，也是受圣灵的洗。令我庆幸的是，这件事发生在我独自一人、无人帮助我的时候。当然，耶稣除外，就是祂用圣灵为我施洗的。

　　然而，这不过是个开始；圣灵的洗是仅仅发生一次的经历，要继续不断被充满才是秘诀，因为我们有漏洞，所领受的会漏出来。我们需要持续被圣灵充满。这一切会让新约显得真实。

　　圣灵正在把神的律法刻在你的心上。圣灵正在软化你内在刚硬的心。圣灵正在向你传达神的赦免，同时给你无愧的良心。这一些都是何等美妙的恩赐。这也是在圣经新约中成就的新约。基督为我们工作，圣灵在我们心中工作，这就是新约，也是整本圣经中最好的圣约。

　　这么一来，你就成为新约子民了。尽管你以个人的身份与神立约，但是你现在与其他人一同进入圣灵的团契（Fellowship of the Spirit）。对于以前不愿意结交的人，你现在能辨认在他们里面的圣灵也是在你里面的圣灵。无论那人的性格、种族或背景如何，你辨认出同一位圣灵，而且你知道在我里面的圣灵也在他和她的里面。因此你会发现，圣灵的团契使我们众信徒在新的团契中联络起来，成为基督新的肢体、祂的羊群和家庭。

《圣经》中的盟约

这里列出下一章的相关经文。

其它的圣约

注意模式： 国际性和国家性

挪亚之约： 马太福音 5 章 45 节

亚伯拉罕之约： 路加福音 1 章 54、72 节

马太福音 22 章 32 节

希伯来书 6 章 13-20 节

大卫之约： 路加福音 1 章 32 节；使徒行传 13 章 34 节；罗马书 1 章 3 节；

约翰福音 7 章 42 节；使徒行传 15 章 16 节；

"大卫的后裔"——马可福音 11 章 10 节；

马太福音 12 章 23 节；马太福音 21 章 9 节，21 章 15 节，22 章 42 节；启示录 3 章 7 节，5 章 5 节，22 章 16 节

"旧"约——被取消

摩西之约： "旧的"——希伯来书 8 章 6 节

"过时"——希伯来书 8 章 13 节

比较新约：约翰福音 1 章 17 节；罗马书 10 章 4-11 节； 加拉太书 4 章 21-31 节

向着律法死了：罗马书 7 章 4 节

暂时的：加拉太书 3 章 23-25 节

第八章
其它的约又如何？

既然我们有了弥赛亚新约，其他的圣约会有怎样的变化？有太多的基督徒认为弥赛亚新约是一枝独秀，其他的圣约已经过时，而且可以被遗忘——远非如此。让我们再看看这些不同的圣约。

正如之前所探讨的，**挪亚之约**至今仍然具有效力。这是神与全体人类所立的圣约，神也承诺会让四季继续运转，同时确保人类会得到充分的阳光和水份以持续生产足够的粮食。所以，神至今仍然信守挪亚之约。耶稣在登山宝训中也说："祂叫日头照好人也照歹人，降雨给义人也给不义的人"（马太福音 5 章 45 节）。神将无条件的圣约赐给挪亚，承诺会四季继续运转，同时确保人类会得到足够的粮食。祂至今仍然信守诺言。

那么，**亚伯拉罕之约**又如何？正如我们所了解的，圣经新约的希伯来书在 6 章 13 至 18 节强调，当神与亚伯拉罕立约时，祂以起誓为实据。神不可能说："我以神的名起誓，必定信守诺言"，但是祂可以说："我以自己的名起誓"。神的确在亚伯拉罕面前这么做了。除此之外，祂用血立约，杀了动物，劈成两半，并与亚伯拉罕在它们之间走过去。这是一个非常庄重的圣约。希伯来书提到神与亚伯拉罕所立之约仍然持续运作，并且仍具效力。这个圣约最主要的一点，就是神将位于中东的应许之地赐予亚伯拉罕和他的后嗣。因此，我不但坚信，这也是我的信念：中东局势的主要因素是神已经将这块地永远赐给犹太人，但是政治家却忽视这点。他们讨论其他所有有关中东局势的问题，唯独神给予犹太人之恩赐除外。

所以至今，亚伯拉罕之约仍然有效。当耶稣出世时，马利亚因为神纪念与亚伯拉罕所立之约而欢喜快乐。她意识到耶稣来到世上时，祂认可了亚伯拉罕之约（见路加福音1章54、72节；马太福音22章32节；希伯来书6章13-20节）。

至于**大卫之约**，我们要如何看待神应许大卫会有一位后裔会永远登上王位？我之前曾提到我所戴的两枚戒指上都以希伯来文刻上"大卫"这个名字。这提醒了我关于神的应许：大卫会有一位后裔会永远登上王位。我们知道这人是谁。我期待耶稣恢复以色列并登上大卫的王位。这件事即将要发生，因为神已经说了（路加福音1章32节；使徒行传13章34节；罗马书1章3节；约翰福音7章42节；使徒行传15章16节）。

所以，这三个圣约仍然继续运作，仍然具有效力，也仍然可以被信任。然而，五个圣约中有一个约对基督徒而言，是不具效力的，那就是**摩西之约**。这包括摩西

第八章 其它的约又如何？

律法中所有六百十三条法规，它们记载于出埃及记，利未记和申命记。如果我们在这圣约之下，就必须遵守所有的律法典章。我还没有遇见一位能够完全遵守摩西律法的犹太人，那就更别提外邦人了。

无法遵守所有的律法就是受到神的咒诅。我们之前已经讨论犹太人不但比其他民族更蒙受祝福，也比他们更受咒诅的原因。神遵守祂的承诺：若他们遵行诫命，必蒙祝福；若违逆主言，必遭咒诅。这就是摩西律法，但是我们已经不再律法之下了。摩西旧约已经被弥撒亚新约取代并淘汰。对此，我感到庆幸不已（见约翰福音1章17节；罗马书7章4节，10章4-11节；加拉太书3章23-25节，4章21-31节；希伯来书8章6、13节）。

这时，让我们回想使徒和长老在耶路撒冷所举行的会议中，如何针对初期教会第一件主要争议进行激烈讨论（读使徒行传15章），这对我们将有非常大的帮助。当时的议题表面上是关于割礼，但实际上是讨论改信耶稣（犹太弥赛亚，希腊文"基督"）的外邦人是否也应该藉由割礼成为犹太人（当然，这只限于男人）。

使徒保罗对此做出强烈的抗辩，认为外邦人一旦行了割礼，就有义务遵行全部的摩西律法（加拉太书5章3节）。神要拯救外邦人，但却不要使他们进入这般的辖制中，更不要他们因无法遵行所有律法而受到咒诅。使徒彼得也声援保罗，述说神如何使哥尼流一家得救恩。主耶稣的弟弟、主持这场辩论的雅各则为这个会议做出总结，使外邦人不需要遵行所有犹太律法，并且写信吩咐他们要考虑教会中犹太会友们的敏感顾忌，也就是禁戒偶像的污秽和奸淫，还有吃勒死的牲畜和血。此后，教会就不太愿意一致应用这会议中所做出的结论。有些基督徒学者将摩西律法归为不同类别，例如仪文律法、民事条例和道德律法。这个做法完全忽略一个事实：圣经原本并没有将律法分开对待，而是以整体、完整的方式颁布给以色列人。这些学者声称唯有道德律法仍然适用，同时顺便忽略律法中对罪的制裁（尤其是针对十几种罪所定制的死刑，例如奸淫）。

这么一来，就能解释十诫为什么会出现在许多教会的建筑墙壁和窗户上，同时在礼拜仪式中背诵出来。然而，教会生活中还有摩西之约遗留下来、更为严重的痕迹。其中最具破坏力之一的行为就是长期存在于祭司和子民之间的分裂，而这体现在过去的帐幕和圣殿建筑设计中。专业的"神职人员"（clergy）和业余的"平信徒"（laity）之间的区别，还有藉由按立（ordination）让后者成为前者的做法，已经破坏许多，甚至大部分的教会结构。改革派（Reformers）为所有的信徒重新找回了祭司的身份，但是在他们的服事中并没有一致地应用。另外一个破坏性行为就是企图成立以色列的神权政治（theocracy），使其成为兼具政治和宗教的国家，因此其中混合了民事条例和仪文律法。这导致教会和国家之间的关系出现混乱，其中有基督教国家（如日内瓦和罗马帝国）和国家教会（依

第八章 其它的约又如何？

法设立），而这两者在今时今日已经逐渐瓦解。在摩西旧约中，一旦父母与神立约，经由割礼确认，孩子们就自动被包括在内。通过引用旧约，为婴孩施洗就合理化。这个做法也被国家教会强化，因为他们无法拒绝为良好公民的孩子施洗。

教会通过自己的权力将安息日从星期六改为星期天（耶稣复活日），却仍然视这为成就十诫中第四条诫命，也就是谨守圣洁的安息日，有些教会仍然坚持在星期六受安息日，例如基督复临安息日会（Seventh Day Adventists）和 Congregation of Jahweh（无中文名称）。同样的，教会继续保留主要犹太节日（逾越节、五旬节和住棚节），但却擅自把前两者的日期从犹太历改为西历，并且完全忽视第三个节日。同时，教会也把异教的隆冬节日定为耶稣的生日，也就是现在俗称的圣诞节。

许多教会保留摩西律法中的十一奉献，各中的原因非常明显。至今仍然存在的十一奉献仓证明过去的十一奉献是以实物支付。令人惊讶的是，近期的教会将十一奉献列为加入教会、成为会员的条件之一，以确保教会有固定的收入。然而对一些会友而言，十一可能是个过重的负担（例如单亲妈妈），也可能是过少的奉献。圣经的新约教导用"捐献"（giving）来替代这个犹太税务制度，而且是要以牺牲、慷慨和自愿的态度定期给予（"捐得乐意"的意思是主只愿意接纳我们愿意给予的；不过，祂同时留意我们所保留的）。

尽管许多人在提倡将摩西律法应用在基督徒身上时，采取了"挑选"和"混合"的态度，摩西旧约中实际上却有高度主观的律法条例被新约采用。事实上，圣经新约经文中屡次重复一些旧约律法，是信徒需要接受的。举个例子，十诫中有九条诫命受到耶稣认可（唯独第四条除外；见罗马书14章5-8节；歌罗西书2章16节）。有些律法的定义甚至变得更严苛。"不可杀人"禁止藐视和仇恨，而"不可奸淫"包括动淫念和离婚后再婚（马太福音5章21-32节）。

事实上，弥赛亚新约中必须遵守的诫命比摩西旧约中所列的更多，前者有一千一百多条，后者仅有六百多条。基督徒可以不在摩西律法之下，但这不表示他不在任何律法之下。这就是"反律法主义"（antinomianism；希腊文"anti"是"反"，"nomos"则是"律法"）的异端邪说。这类的异端分子声称我们只需要圣灵的同在和感动来遵行所有神的律法，或认为浇灌在我们心里的爱会履行律法。这个错误教导导致了"情境伦理学"（situational ethics），而其中唯一不变的原就是爱。另一个特征就是过度强调恩典。

我们要如何回应这类的论点？第一、这是对圣灵的批评。祂默示圣经新约中那么多的道德劝诫（用了那么多的纸，还真是白费了！）。第二、这是对耶稣本身的批评。祂吩咐使徒要使万人做祂的门徒，"凡我所吩咐你们的，都教训他们遵守"（马太福音28章20节）。第三、

第八章 其它的约又如何？

这也是最重要的一点，它否定了"旧人"、肉体、和人的灵在成为"新人"后的持续影响力。习惯和记忆仍然可以吸引人回到过去的生活方式。这就能解释圣经新约教导中所存在的矛盾（paradox）。旧人已死，但是不肯躺下，所以要把他解决掉。你要脱去旧的生活方式，穿上新的方式，因为你已经与耶稣同钉十架，并且与祂一同复活。这里的道德诉求可以用一句话作为总结："成为你已经成为的人"。

耶稣和祂的使徒坚信他们的"门徒"需要清楚明确的诫命来生活，因此需要在传道（神为我们所做的事）之后用教导（我们应该为神做的事）跟进。这可被称为"基督的律法"（Law of Christ）和"国度的律法"（the Royal Law），无论哪一个都可以将摩西律法区分开来。遵行基督的律法的动机是完全不同的（"你们若遵守我的命令，就常在我的爱里"；约翰福音15章10节）。更重要的是，弥赛亚新约同时提供顺服的能力和渴望，所以，它也被称为"自由的律法"（law of liberty）。

换句话说，就算不添加摩西旧约中的上百条律例，弥赛亚新约就已经有足够的诫命让我们费心了。无论是哪一个圣约，它本身不需要添加另一个圣约的律例就够厉害了。有一为美国人籍犹太新闻记者兼不可知论者贾各布斯尝试在十二个月中同时遵守摩西旧约和弥赛亚新约中的诫命，并将他的经历撰写成一本既好笑又悲惨的书《我的圣经狂想曲》（《The Year of Living

Biblically》，A J Jacobs，Arrow 出版社）。他的努力是非常彻底而完全真诚的。重要的是，他发现"新"的诫命比"旧"的诫命更难遵守，却从来没有在前者中发现秘密（救恩）所在，最终以"虔诚的不可知论者"的身份放弃。所有尝试凭自己力量去遵行神律法的人应该阅读这本既爆笑又不幸的书，它的内容足够让你一生都不会做出这番尝试！

最后，这里有两个近期的趋势需要提出意见，而它们皆与1948年以色列国的重新建立有关：基督教锡安主义者（又称犹太复国主义，Christian Zionists）和弥赛亚犹太信徒（Messanic Jews）人数的增加有卷土重来的迹象。

有些基督徒坚信神会遵守祂的诺言，把犹太人带回属于他们的土地。自十八世纪中旬，这些信徒对于犹太人的回归扮演着举足轻重的角色。他们的人数不多，多数在英格兰教会中（Church of England）。自从他们重新出现在政治版图上，全球教会中的同情支持者人数剧增，现在已经高达几百万人。他们当中有好几千人参加每年由国际基督徒协会（International Christian Embassy）所举办的住棚节。

然而，在这些拥抱以色列的人当中，有不少允许这份新发现的爱成为一种痴迷。他们似乎忘记神爱身为外邦人的外邦人，而且初期教会拒绝坚持外邦人为了成为神的子民而成为犹太人的做法是正确的。因此，这些支持者的行为越来越像犹太人，在星期五傍晚点蜡烛，在

第八章 其它的约又如何？

星期六早上播放用以色列的音乐的舞蹈唱着希伯来赞美歌，甚至（虔诚地）遵守律法，特别是利未记中所描述的年度节期。他们唯一划清界限的就是没有进行割礼。但又有谁知道这种做法会有什么结果？

他们可能真诚地坚信他们正在协助形成耶稣基督里的"一个新人"。然而，他们一些滑稽行为恰恰引来多疑的犹太人的嘲笑，甚至鄙视。同时，他们正在神的家庭中制造分裂，将外邦人摒除在外，甚至封闭自己，不与他们接触。更严重的是，他们正面处于危险的局面，那就是在不知不觉中接替犹太教徒的使命，削弱保罗为宣教所做出的所有努力。

保罗为了向他的犹太同胞传福音，愿意采纳犹太人的行为，甚至愿意为同工提摩太行割礼。然而，他却坚决保护外邦人信徒，避免为了任何理由成为犹太人（他称之为"另一个福音"）。他知道其中的危险性，因为他对摩西旧约了若指掌。他知道律法本身是"圣洁、公义、良善的"，全因为那位为了祂子民而设立律法的神。然而，对外邦人而言，这都是坏消息。

这里，我们就要提到第二组人，那就是弥赛亚犹太信徒。教会两千多年历史中，每一代都有一批"忠心的余民"。然而，他们的人数极少，并且受到各方施加的压力以放弃他们的犹太根源，成为外邦"基督徒"（"基督徒"原指相信犹太弥赛亚的外邦人信徒）。自1948年起，无论是在以色列国内或分散在其他国家的犹太人当中（大约百分之五十），犹太信徒（主要被称为"弥赛亚"犹太信徒）的人数奇妙般地增加。在撰写本文时的信徒总数大约有五万人，其中一万五千人在以色列国内。犹太信徒的人数增加使当地集体聚会的出现成为现实。自公元一世纪以来，这是首次出现弥赛亚聚会或"犹太教会"。这在基督教的大环境中是一个重大的新事实，但是传统宗派对这件事的反应却是慢半拍。这族人主要面对的问题是要在他们的教会结构和纪律中包括多少托拉的成分（"托拉"也就是摩西律法，指的是圣经首五本书，尽管只有其中四本包括了摩西律法）。这是他们辩论中的主要问题，其中的意见极度分歧，足以威胁他们的合一。他们的主要的主日聚会是否应该在星期六（多数人同意）？他们的会员制度是否应该只局限于犹太族裔（部分人同意）？希伯来文是否应该成为专用的语言（少数人同意，但是犹太人散居地的教会通常使用另外的原住民方言）？

或许最重要的事就是，无论他们是否遵行摩西律法，都不影响他们的救恩。神设立弥赛亚新约原本不但为了他们，也是为了取代在西奈山与摩西所立的圣约（耶利米书31章30-32节）。若他们认为遵守摩西律法能在神面前称义，并且足以替代神通过弥赛亚所提供的公义（罗马书10章1-13节），那么，是否要遵守摩西律法的决定本身就是个危险。

换句话说，犹太信徒是否选择遵行任何、部分或全部的摩西律法，这完全是个人的自由，也是自愿的选

第八章 其它的约又如何？

择。然而在信主之后保留大部分的犹太文化是有合理理由的。主要的理由是维持并藉由与家人和亲友之间的关系，帮助他们分享弥赛亚新约中、不犯罪的自由。保持犹太身份是为了传福音。

自耶路撒冷会议以来（使徒行传 15 章）就出现了微妙的逆转现象。当时的争议是要决定外邦信徒在无需成为犹太人的情况下，被接纳为教会一份子。现在，教会反而需要决定犹太信徒在无需成为外邦人的情况下，被接纳为教会一份子。此外，还有其他有关外邦和犹太教会之间的实际问题需要解答：他们要如何示范在基督（弥赛亚）里的合一？是通过可互换的服事和会友？

割礼的问题有了全新的维度。弥赛亚犹太信徒是否应该为他们的儿子行割礼？这会如保罗为外邦人所担心的事情一样，使他们有义务遵行全部的"律法"？

第一件要指出的事就是：割礼是亚伯拉罕之约的一部分（创世记 17 章 10-14 节），而不是摩西之约的。正如我们之前所提，亚伯拉罕之约已受到耶稣的认可，并且与弥赛亚新约一样，仍具效力。

因此，犹太男孩所进行割礼标识他为亚伯拉罕的真正后嗣（外邦基督徒则是他的属灵后嗣，共享他的信心，却非来自他的家族）。所以，出于同样的原因，这位男孩也有权得到神应许先祖的祝福，也就是中东的那块"地"，而这块地的疆界也由神这位最终的业主和房东明确界定（创世记 15 章 18-21 节）。

耶稣本身相信以色列国的民族特性会如先知耶利米所预言的,一直持续到地球消失为止(耶利米书31章35-36节,和神为他们而公布的弥赛亚新约,同属一章)。耶稣应许十二使徒,他们将会坐在十二个宝座上,审判以色列十二个支派(马太福音19章28节;路加福音22章30节)。

无论是否属于耶稣,对于那些相信祂会回来统治万国的人,这个应许明显地与这地球终结前的千禧年国度有关(对耶稣再来的"千禧年前"观点)。顺带一提,这个对未来肩负的责任所做出的保证表示主将不会有任何"失丧"的支派。

在这之后,所有的羊群会合成一群,归一个牧人所有(约翰福音10章16节)。这"一个新人"会永远生活在新天新地和新的首府。尽管新的首府有一个犹太名称(耶路撒冷),而且在城门(代表十二支派)和地基上(代表十二使徒)刻上二十四个犹太名字,它却代表着整个神子民的圣经历史。同时,神也会更改祂的地址,从天堂改为地上,然后在一片天使的惊愕中,在地上与人类生活(启示录21章3节)。毕竟,这是神设立每个圣约的目的。

www.ingramcontent.com/pod-product-compliance
Lightning Source LLC
Chambersburg PA
CBHW071535080526
44588CB00011B/1676